KB234976

# 홈쇼핑의 세계

# 홈쇼핑의 세계

**초판 인쇄**  2021년 5월 1일
**초판 발행**  2021년 5월 5일

**지은이**  지크
**펴낸이**  이혜숙
**펴낸곳**  (주)그린하우스

**출판 책임**  권대홍
**출판 진행**  황유리 · 이은정
**본문 삽화**  최준석
**본문 편집**  그린하우스 디자인팀

**등록**  2019년 1월 1일 (110111-6989086)
**주소**  서울시 강남구 강남대로62길 3 한진빌딩 8층
**전화**  02-6969-8955
**팩스**  02-556-8477

ⓒ 지크 2021
값 13,500원
ISBN 979-11-90419-30-7  13320

현직 홈쇼핑 PD의 좌충우돌 분투기

# 홈쇼핑의 세계

**지크** 지음

GREEN HOUSE

# 목차

"고객님! 제가 직접 써보고 너무 좋아서 말씀드리는 거예요. 제가 딱 3일 썼는데도 효과를 바로 느꼈거든요. 정말 너무 좋아서 영상도 찍었는데 조금 있다가 보여드릴게요."

TV 화면을 통해 홈쇼핑 호스트들의 열정적인 상품 설명이 시청자들에게 전달된다. 그저 채널을 돌리다 우연히 보게 되었고 상품에 관심도 없었는데 괜히 계속 보게 되는 신기한 홈쇼핑 방송.

"3번 카메라 갈게요! 호스트 손 잡아주세요! 이번 멘트 끝나면 2번 자막 넣고 5번 영상 틀게요! 스튜디오는 영상 나올 때 시연할 상품 바꿔주세요!"

카메라 앞에서 고객들에게 끊임없이 말하는 호스트 못지않게 카메라 뒤 나의 진행 역시 쉴 새 없이 이어지고 그런 나의 멘트에 따라 스태프들이 일사불란하게 움직인다. 실수가 허용되지 않는 생방송이 그렇게 아슬아슬 계속된다.

"아쉽게도 방송 시간이 끝났네요. 저희는 이만 물러가겠습니다. 함께 해주신 고객님 감사합니다!"

호스트의 클로징 멘트를 끝으로 다음 스튜디오로 방송을 넘긴다. 단 1초의 공백도 허락되지 않는 60분간의 생방송을 정신없이 진행하며 끊임없이 분비된 아드레날린이 여전히 심장을 두근거리게 한다. 다음 생방송으로 넘어가는 동안 생기는 약 1분간의 정적. 방송 종료 직후의 이 짧은 정적이 나를 진정시키는 시간이자 휴식시간이다. 팽팽했던 긴장감이 풀어지자 머리가 어질어질하다. 방송 중 매출이 치솟아 나도 덩달아 흥이 나서 말을 많이 했더니 목도 조금은 쉰 것 같다.

오늘 60분 동안 판매된 상품 개수는 방송 목표를 훌쩍 뛰어넘은 3,000여 개. 신이 난 협력사 담당자의 비유를 빌리자면 그들이 입점해 있는 오프라인 매장 하나가 1년을 장사해도 팔지 못하는 수량을 방송 단 60분 만에 다 팔았다. 그래, 이게 바로 홈쇼핑의 묘미지.

우연한 기회로 입사하여 오래 다닐 것이라 기대하진 않았지만 홈쇼핑 PD가 나의 직업이 된 지 벌써 10년째다. 꽤 오랜 시간 홈쇼핑 업계에 몸담으며 방송 하나에 울고 웃으며 일하다 보니 나로서는 홈쇼핑만큼 잘 알고 익숙한 것이 없지만, 어디 가서 홈쇼핑 PD라고 나를 소개하면 사람들의 표정이 묘해진다. 과장되게 포장한 홈쇼핑 방송이 각종 패러디 및 개그 소재로 활용되고 잊을 만하면 각종 구설수로 뉴스에 오르내리는 기업. 정보도 별로 없고 베일에 싸여 있어서 그냥 왠지 믿을 수 없고 협력사에 갑질하는 나쁠 것 같은 기업. 아마 홈쇼핑에 대한 세간의 인식은 이와 크게 다르지 않을 것이다.

입사 후 홈쇼핑에 대한 근거 없는 악평을 들을 때마다 나는 왠지 억울하기도 하고 괜한 자격지심에 회사를 열심히 변호한 적도 있다. 알지도 못하는 사람들이 왜 자꾸 홈쇼핑이 나쁘다고만 하고 거리를 두려고 할까 하는 고민에 잠을 이루지 못한 적도 있다.

이런 나의 생각을 변화시킨 사건이 있었다. 고객 중 한 명이 자신은 너무 당첨이 안 된다며 방송 중 진행되는 경품 추첨의 공정성에 의문을 제기한 것이다. 홈쇼핑 경품은 어떤 기준으로 어떤 과정을 통해 당첨자를 뽑는지 알려달라던 그 고객의 진의는 아마 '홈쇼핑 경품은 담당자들끼리 작당 모의해서 자기들끼리 나눠 먹는 거 아니야?'였을 거라고 생각한다. 따로 다루겠지만 홈쇼핑 경품 추첨은 시스템을 통해 진행되어 조작 자체가 불가능하다. 억울함을 살짝 담아 고객에게 경품 추첨의 상세한 과정을 장문의 이메일로 안내했는데 고객이 보내온 답변에 머리를 크게 한 대 맞은 듯한 느낌이 들었다.

"아, 그런 방식으로 추첨한다면 의심할 필요가 없었네요. 몰라서 그랬어요. 미안합니다."

단 한 번도 우리는 고객들에게 어떤 식으로 경품을 추첨하고 발표하는지 투명하게 말해본 적이 없다. 방송 중에도 상품 설명하기에만 급급했지 정작 시청자들이 궁금해하는 것에 관심이 없었던 것이다.

'홈쇼핑이 물건 팔 때 말고 고객들에게 다가가본 적이 있었던가?'

방송을 직접 기획하고 진행하는 PD인 나조차도 홈쇼핑 산업이 시작된 지 벌써 20년이 넘었으니 웬만한 건 고객들이 다 알 것이다, 이런 건 그냥 넘어가자 하는 것들이 많았다. 그럴수록 홈쇼핑은 점점 고객들로부터 멀어져갔고 시청자들은 정보가 충분하지 않은 상황에서 방송을 보며 여러 가지 의구심을 갖게 된 것이다. 그러다 물건 하나 샀는데 마음에 들지 않으면? 그때부터는 홈쇼핑에 대해 좋게 말하기 어려울 것이다.

이 사건 이후 나는 홈쇼핑에 대한 솔직하고 제대로 된 이야기를 사람들에게 들려주자는 생각에 '다음 브런치'에 글을 기고하기 시작했다. 홈쇼핑 산업에 대한 전반적인 이야기부터 홈쇼핑 PD로서 겪은 시시콜콜한 이야기까지 사람들이 홈쇼핑에 대해 궁금해할 만한 다양한 주제의 글을 썼다. 다만 큰 반응을 기대하지는 않았는데 홈쇼핑 방송의 시청률이라고 해봤자 1%가 채 되지 않고 구매자 수나 사회에 미치는 파급력 등을 고려해볼 때, 더군다나 전문적으로 글을 써본 적이 없는 아마추어의 글솜씨를 고려하면 너무나도 당연한 것이었다.

하지만 놀랍게도 내가 일을 하며 겪은 에피소드 위주로 홈쇼핑의 솔직한 내면을 가볍게 파헤친 글들은 사람들에게 빠르게 반응을 얻었다. 이 악물고 준비했지만 실패한 상품들과 그 방송을 진행하고 사후 대처까지 한 PD로서의 애환을 담은 글은 조회수가 15만을 훌쩍 넘었고, 나의 다른 글들을 계속 보고 싶어서 구독한 사람들도 700여 명을 넘게 되었다. 여기서마저 고객을 이해하지 못하고 수요 예상을 하지 못했다니! 다만 이것은 나의 글솜씨가 좋다기보다는 그만큼 홈쇼핑에 대해 궁금해하고 흥미를 느끼는 사람들이 많다는 반증일 것이다.

나는 이 책을 통해 홈쇼핑의 전반적인 이미지가 좋아지고 독자들이 홈쇼핑에 대해 전에 없던 호감을 갖기 원하지 않는다. 부족한 글솜씨를 감안하면 그렇게 될 리도 없고. 그저 흔치 않은 직업인 홈쇼핑 PD로서 내가 경험한 홈쇼핑의 진솔한 이야기를 하다 보면 글을 읽는 사람들도 홈쇼핑에 대해 조금은 알게 되리라 생각한다. 막연한 존재인, 베일에 싸인 홈쇼핑을 이제부터 내가 한 겹 한 겹 벗겨보겠다.

2021년 이른 봄  지크

연기자 지망생이

# 홈쇼핑 PD가 되다

# 홈쇼핑 신입 PD가 된
# '홈쇼핑 무식자'

　모두 대통령과 과학자를 꿈꾸며 세계 통일 혹은 불로장생의 약 개발 등을 계획하던 초등학교 시절부터 나는 우직하게 PD가 되고 싶다는 생각을 했다. 주변에 영감을 준 PD가 있는 것도 아니고 PD가 무슨 일을 하는지 당시에는 정확히 알지도 못했지만, TV 보는 것을 너무 좋아해 엄마에게 맞으면서도 보고 싶은 프로그램은 꼭 봤고 초등학교 때부터 방송부 활동을 하며 PD가 TV와 관련된 일을 한다는 것을 알고 내 꿈을 키워나갔다.

　착실한 학업 활동과 조금의 행운이 겹쳐 원하던 대학의 신문방송학과에 합격했고, 교내 방송국 PD로 활동하면서 나의 오랜 꿈을 이루기 위한 길이 생각보다 순조롭다고 생각했다. 그런데 PD가 되기 위한 작은 발걸음이라 생각한 교내 방송국 활동으로 나에게 예상치 못한 샛길이 생긴다.

교내 방송국에서는 PD들이 정기적으로 영상을 제작해야 했는데 학생 신분으로 제작비를 조금이라도 아끼려는 마음에 출연료를 받는 전문 연기자를 섭외하지 않고 서로의 영상에 가끔 출연하는 일이 있었다. 게다가 아직 전문적인 PD가 아닌 상황에서 내 머릿속에 있는 연출을 배우들에게 100% 전달하는 것이 어려웠고, 당연하게도 배우들의 연기가 마음에 들지 않는 경우도 많았다. 이러니 PD들이 서로의 작품에 출연하면 배우 섭외비도 아끼고 서로의 연기에 대해 가감 없이 이야기도 할 수 있으니 이 얼마나 좋은 취지인가!

문제는 내가 그렇게 한두 편 출연하다가 어느 순간 PD로서의 연출보다 배우로서의 연기에 더 재미가 들렸다는 것이다! 공짜 연기자 한 명이 아쉬운 상황에서 동료들이 다소 후하게 해준 연기 호평을 등에 업고 3학년 때부터 본격적인 연기자 활동을 시작했다. 초심자의 행운이라고 출연한 몇몇 작품에서 인상적인 연기를 하여 예술의 전당에서 미디어 퍼포먼스를 할 수 있는 기회를 잡았고, 비중 있는 조연으로 출연한 영화가 개봉하여 얼떨결에 무대인사까지 경험하게 되었다.

그때만 해도 나 스스로 이병헌, 송강호 못지않은 대배우가 될 수 있겠다는 큰 착각에 빠졌고, 그 착각은 학생들이 취업 준비로 바쁜 대학교 4학년 2학기까지 이어졌다. 연극영화과가 없는 학교를 다니다 보니 연기 관련 인맥을 늘리는 데도 한계가 있었고 전문적으로 연기를 배워보지 못해 밑천이 점점 드러났다. 그러다 보니 들어오는 시나리오가 조금씩 줄어들고 영화감독들과도 교류가 없어지면서 내가 배우로서는 성공하지 못하겠다, 이 길에 들어서면 내가 밥 벌어먹기 힘들겠다는 것을 깨달은 시점은 이미 대다수 취업 준비생들이 선망하고 정보가 많은 유명 회사들의 채용 시기가 지난 후였다.

떠나간 첫사랑에게 다시 구애하듯 나는 뒤늦게 PD로서 일할 수 있는 회사들을 찾기 시작했지만 공중파는 물론이고 종편, 신문사의 영상 PD 채용 시즌마저 지난 때였다. 순진한 나를 탓하며 다음 채용 시즌을 기다리려던 그때, 우연히 채용 사이트에 올라온 홈쇼핑 회사의 신입 PD 채용 공고가 눈에 들어왔다. 홈쇼핑에 대해 아무것도 몰랐지만 적어도 PD로 일할 수 있다는 것에 관심이 갔고, 다행히 홈쇼핑에 대한 지식이 많지 않아도 지원할 수 있어 그저 한껏 포장된 나에 대한 이야기를 꽉꽉 눌러 담아 입사지원 서류를 접수했다.

1차 면접은 급하게 모니터링한 홈쇼핑 방송의 호스트를 따라한 소위 말하는 '나를 팔아보는 자기소개'로 통과. "안녕하십니까 고객님, 오늘은 저를 팔아보겠습니다. 28년 동안 잘 숙성되었고요."로 시작한 나의 소개에 면접관들이 다소 당황한 것처럼 보였는데 나름 인상 깊었나 보다.

홈쇼핑에 대한 어떠한 아이디어라도 제한 없이 제시하고 구체적인 실행 방안을 발표하는 2차 PT 면접은 당시 누구나 알던, 홈쇼핑의 비중을 TV에서 모바일로 옮겨야 한다는 필요성을 어필하며 통과! 영화 〈해운대〉의 하이라이트 영상을 곁들여 조만간 닥칠 모바일 쓰나미에 미리 대비해야 한다고 주장한 나의 발표가 나름 면접관들에게 어필한 듯했다.

마침내 대망의 최종 면접을 기다리며 처음으로 한계 이상의 초조함을 느끼던 기억이 난다. 최종 면접은 나의 초조함이 무색하게도 다소 지쳐 보이는 면접관들의 지금 어디 사는지 같은 특별히 중요하지 않은 질문들로 끝이 났다.

며칠 동안 나는 그저 머릿수 채우기용이었나 하는 자괴감 빠져 있었는데 그때 받은 최종 합격 통지! 이로써 나는 내 인생에서 단 한 번도 고려해본 적이 없지만 어찌 되었든 홈쇼핑 PD라는 타이틀을 달게 되었다.

지금 돌이켜보면 직장을 선택한다는 것이 내 인생의 가장 중요한 결정 중 하나인데 서류 접수부터 최종 합격까지 그 일련의 과정을 거치는 동안 홈쇼핑은 대체 무엇을 하는 곳인지, 이 산업의 미래는 어떤지, 내가 그곳에서 어떤 일을 해야 하는지 전혀 파악하지 못했다. 취업하기 위해 정신없이 시간을 보낸 내 탓도 있지만 다른 유명 회사들에 비해 연봉은 물론 회사나 직무에 대한 정보 역시 정말 부족했다.

이 책에서는 자연스럽게 홈쇼핑 각 직무에서 하는 일이나 홈쇼핑에 대한 전반적인 내용들을 다루었으므로 홈쇼핑에 대한 정보가 필요한 독자들에게 자그마한 도움이 될 것이라 생각한다. 그렇게 신입사원으로 입사했지만 여전히 '홈쇼핑 무식자'인 나는 소위 말하는 신입사원 교육을 통해 홈쇼핑에 대해 조금씩 알아가게 된다.

# 내가 아는 홈쇼핑이 이럴 리 없어!
## 충격의 생방송 현장

　호스트의 유려한 진행과 한치의 오차도 없는 방송 화면 그리고 시청자들의 구매 욕구를 자극하는 영상까지. 내가 입사 전 공부하기 위해 시청하던 홈쇼핑 방송은 잘된 부분만 편집해서 내보내는 녹화 방송이 아닐까 싶을 정도로 잘 짜인 TV쇼처럼 보였다. 시청자들의 흥미 유발부터 최종 구매 안내까지 자연스럽게 흘러가는 방송을 보며 '오, 내가 입사하면 이런 방송을 멋지게 진행하는 건가? 현장에서 스태프들의 존경을 받으며 호스트한테 방금 멘트 좋았다고 시크하게 말하면 엄청 프로페셔널해 보이겠지?' 하는 상상을 하며 PD로서 부푼 꿈을 가졌다. 방송 매출이 무엇보다 중요한 홈쇼핑 회사에 입사한다면서 면접 때도 "매출보다는 사고 없는 깔끔한 방송을 만들겠습니다! 넘치는 카리스마로 스태프들과 호스트들의 신뢰를 듬뿍 받는 PD가 되겠습니다!"라는 지금 돌이켜 생각하면 다소 정신 나간 포부를 밝히기도 했으니 말이다.

마침 입사한 지 얼마 지나지 않아 신입사원 교육 프로그램의 일환으로 주방용품 생방송이 진행되는 스튜디오와 부조정실을 견학할 기회가 있었다. 나의 미래 모습을 볼 수 있다는 기대감으로 먼저 PD가 방송을 진행하는 부조정실에 들어갔는데 방송 시작 1시간 전부터 그곳은 천천히 바빠지기 시작했다. 화면을 보며 스튜디오 세팅을 수정하고 준비된 PT 흐름에 따라 카메라 동선을 맞추고 잘못된 내용은 없는지 상품 정보를 다시 한 번 체크하고 호스트의 멘트를 점검하는 등 방송 준비를 하면서 모두가 정신없이 자기 역할을 하고 있었다.

방송 전 가볍게 밀려오는 긴장감을 덜기 위해 심호흡을 하며 자기 자신을 다잡고 스태프들과 호스트에게 이번 방송 잘해보자는 격려의 말을 잊지 않는 멋진 PD가 되겠다던 나의 훈훈한 상상은 눈앞에서 벌어지는 PD와 스태프들 간 오가는 고성에 깡그리 부서지고 말았다. 하필 그날 방송 준비 도중 마이크에 문제가 생겨 방송 전 꼭 미리 녹화해 둬야 하는 호스트의 상품 필수 정보 안내 멘트 녹화마저 못한 채 방송이 시작되어 부조정실의 분위기는 더욱더 무거워졌다.

하지만 이건 방송이 시작하기 전 생긴 작은 해프닝 정도에 지나지 않았다. 방송이 시작되자 PD의 진행과 호스트 멘트, 영상의 오디오, 효과음들이 끊임없이 나오면서 도무지 정신을 차릴 수가 없었다. 호스트의 멘트 중에도 부조정실에서는 그에 맞는 영상과 자막, 그다음 화면 등을 미리 세팅하며 준비하는데 그것은 모두 PD의 진행으로 이루어졌다. 또한 잠시 영상이 나가는 짧은 여유시간 동안에도 호스트와 의견을 조율하고 정보를 전달하는 것까지 모든 것이 PD의 몫이었다. 대체 그 찰나의 시간에 어떻게 그 많은 진행과 상황 판단을 PD 한 사람이 할 수 있는지 당시에는 도무지 믿을 수가 없었고 곧 내 미래 모습이라는 생각에 걱정부터 앞섰다.

그럼 스튜디오는 어땠을까? 부조정실을 이미 다녀온 나는 더 이상 순진한 PD가 아니었다. 그제야 비로소 홈쇼핑 생방송이 정신없이 돌아간다는 걸 충분히 깨달았고, 실제 방송에 나오는 스튜디오는 부조정실보다는 정돈된 모습을 보여줘야 하니 더 이상 충격받을 일은 없을 거라 생각했다. 그런데 왜 여기는 스태프들이 몸을 던지고 있는 거지? 전쟁터로 치면 지휘를 하는 부조정실은 사령관실이고 실제 방송 현장인 스튜디오는 전장인데 나는 겨우 사령관실에서 당황한 것이었다.

TV를 통해 시청자들에게 보이는 자연스러운 화면을 위해 이곳에서는 보이지 않는 곳에서 부조정실보다 더한 난리통이 벌어지고 있었다. 다음 시식을 위해 열심히 요리하는 요리사, 호스트가 다음에 이동할 테이블을 세팅하는 세트팀, 다음 화면을 잡기 위해 카메라를 들고 뛰는 카메라맨, 화면에 불필요한 사람이나 기타 다른 요소가 들어가지 않도록 통제하며 PD의 진행을 돕는 무대진행자 등 어디로 튈지 모르는 생방송답게 그 순간 카메라가 잡고 있는 화면 이외의 공간에서는 어떤 순간에 카메라가 넘어와도 문제없도록 모두가 불이라도 난 것처럼 뛰어다니고 있었다. TV로 보던 방송 화면이 백조의 수면 위 우아한 모습이라면 스튜디오의 모든 스태프들이 수면 아래서 열심히 물갈퀴질을 하고 있었던 것이다.

이날도 준비하고 있던 테이블에서 접시가 미끄러져 바닥으로 떨어졌는데 혹여나 그 소리가 생방송 오디오에 들어갈까 봐 FD가 몸을 날렸다. 안타깝게도 접시를 잡지는 못해 결국 소음은 발생했지만 방송 사고를 막기 위해 얼마나 많은 사람들이 분주하게 일하는지 느꼈다.

이 모든 모습을 보며 자신만만하게 멋지고 유능한 PD를 꿈꾸던 나는 문득 두려워졌다. 과연 내가 이 모든 것을 통제할 수 있을까? 혹여나 방송사고를 내지는 않을까? 이 베테랑 스태프들이 햇병아리 PD의 말을 신뢰할까? 지금 생각하면 불필요한 걱정이지만 당시에는 정말 직무를 생방송 PD에서 생방송을 하지 않고 방송에 필요한 영상을 사전에 만드는 영상제작 PD로 바꿔달라고 할까 심각하게 고민하던 기억이 난다.

나의 고민을 회사에서 알 리가 없으니 시간은 흘렀고 마침내 나에게도 한 명의 PD로 독립하는 소위 말하는 '입봉' 시기가 다가왔다. 보통 홈쇼핑에서 PD로 입봉한다는 것은 선배들을 따라다니며 방송을 모니터링하고 같이 일하는 사람들을 익히고 업무의 흐름을 파악하며 1년 반에서 2년 정도 자신을 갈고닦은 후 생방송을 책임지는 한 명의 PD로 투입되는 것을 뜻한다.

생방송은 한번 사고를 내면 돌이킬 수 없기 때문에 PD들은 입봉 전 수없이 많은 방송을 가상으로 진행해보기도 하고 선배들의 방송에 따라 들어가 선배들의 철저한 관리하에 5분에서 10분간 방송을 진행해보기도 한다. 이렇게 생방송 진행에 대한 감각이 어느 정도 생기면 자기 이름을 건 60분 생방송에 투입되어 입봉하게 된다. 그렇게 입봉하면 비로소 한 명의 홈쇼핑 PD로 인정받게 되는 것이다. 나도 이렇게 정상적으로 입봉했으면 얼마나 좋았을까! 나는 전에도 없었고 앞으로도 회사에서 나오지 않을 이례적인 입봉 과정을 거치게 된다.

내가 입사하고 1년이 다 되어갈 무렵 내가 속해 있던 팀이 선배들의 갑작스러운 연이은 퇴사와 건강 이상으로 인한 휴직 등으로 심각한 인원 부족에 시달리게 되었다. 한 팀에서 1주일에 담당해야 할 방송 개수는 정해져 있는데 PD가 부족하다면 결국 한 PD가 담당해야 할 방송 개수가 늘어난다는 것이다.

가뜩이나 과로로 인한 건강 이상으로 PD가 휴직을 신청한 상황에서 기존 PD들의 업무를 늘리기가 부담스러웠던 팀장은 입사 1년도 채 되지 않는 나에게 난데없이 입봉 방송을 준비하라고 지시했다. 보통은

2년 넘게 준비하는 입봉을 1년 만에 하라니! 그것도 갑자기! 당시 아무런 준비가 되어 있지 않던 나에게는 청천벽력 같은 소리였지만 그만큼 팀의 사정이 심각했다. 그때부터 '홈쇼핑 방송 PD 되기 초단기 속성 코스'에 돌입하여 선배들에게 방송 용어, 방송 프로세스, 진행 노하우 등을 급히 전수받고 한 달 후 대망의 입봉 방송을 하게 된다.

빠르고 압축적으로 교육을 받는 통에 하루에 투입해야 하는 시간이 많았고 신입으로서 해야 하는 기본적인 팀 업무들도 있었기에 한두 달은 매일 회사에 12시간 넘게 있으며 건강도 크게 나빠졌고 너무 피곤한 나머지 선배의 방송에 따라 들어갔다가 조는 바람에 무섭게 혼이 난 적도 있다. 하나 좋은 점은 너무나 긴급하게 준비하는 바람에 다른 PD들은 입봉 준비 때 겪는 긴장감과 초조함을 느낄 새가 없었다는 것이다. 그렇게 빠른 준비 끝에 나는 입사한 지 1년이 갓 넘은 시기에 마침내 입봉 방송 스케줄을 받았다.

나의 역사적인 홈쇼핑 데뷔 상품은 바로 3D 스마트폰. 당시 한창 3D가 큰 인기를 끌고 있어서 디스플레이가 3D로 표현되는 스마트폰이었다. 회의할 때만 해도 신기한 마음에 왠지 잘 팔릴 것 같으니 걱정하지 말자며 MD와 협력사 앞에서 호언장담을 했지만, 막상 입봉이 코앞으로 다가오자 초조했는지 며칠간은 계속 방송사고를 내는 악몽을 꿨다. 종류도 다양하게 호스트가 방송 시간까지 스튜디오에 오지 않는 꿈, 목소리가 갑자기 나오지 않아 진행하지 못하는 꿈, 갑작스레 정전이 되는 바람에 방송을 망치는 꿈 등 새벽에 몇 번이고 벌떡 일어나게 하는 악몽들이 매일 밤 나를 찾아왔다.

입봉 방송 전날 선배들이 큐시트를 1초 단위로 짜서 들어가라는 마지막 조언을 했다. 첫 방송 때는 눈과 귀에 아무것도 들어오지 않으니 60분짜리 큐시트를 짜서 당황스러운 일이 생기더라도 그것만 믿고 진행하라는 것이었다. 지금은 후회하지만 당시에는 괜한 자신감과 왠지 스태프들에게 프로페셔널한 모습을 보여주고 싶어서 선배들의 조언에도 극히 기본적인 뼈대만 구성해놓은 큐시트를 가지고 방송에 들어갔다.

자신만만함도 잠시, PD석에 앉자마자 호스트와 스태프들의 질문과 확인 요청이 쏟아지면서 나는 방송에 들어가기도 전에 급격히 긴장하기 시작했다. 겨우 준비를 마치고 방송에 들어갔는데 이게 웬걸, PD라면 카메라 화면과 자막 화면, 공중파 화면 등 다양한 것을 체크하면서 방송 진행을 해야 하는데 거짓말같이 시야가 좁아지면서 큐시트 외에 아무것도 보이지 않고 들리지 않았다.

선배들이 방송하는 걸 보면 엄청 여유로워 보이던데 나는 왜 이럴까 하며 큐시트를 든 손을 벌벌 떨면서 필사적으로 진행을 이어나갔다. 생방송인 만큼 PD는 10초, 20초 뒤를 내다보고 미리 모든 것을 스탠바이 시켜놓아야 하는데 화면이 눈에 안 들어오고 스태프들과 사인이 맞지 않는 등 내가 다시는 보기 싫을 만큼 그 방송은 흐름 측면에서는 엉망이었다.

수없이 저지른 실수 중 가장 기억에 남는 것이 있다. 호스트의 멘트가 끝나면 다른 영상이나 화면으로 넘어가야 하는데, 호스트가 멘트를 끝낸 후에도 나는 아직 호스트가 할 말이 더 있으리라 판단한 것이었다. 자연스럽게 멘트를 끝낸 호스트는 다른 화면을 기다렸고 나는 호스트의 다음 멘트를 기다리는 다소 황당한 상황이 벌어졌다. 10초 넘게 호스트는 어색하게 카메라를 쳐다보며 나에게 눈빛으로 빨리 화면을 넘기라며 절규했고 가뜩이나 당황한 나는 어버버하며 그제야 다음 화면을 찾고 있었다. 스태프들 역시 지금 호스트 멘트 끝났는데 다음에 어떤 걸 내보낼 거냐며 나를 다그쳤고 나는 결국 멘탈이 바사삭 부서지고 말았다. 결국 호스트가 다시 멘트를 시작함으로써 그 상황은 수습이 되었다.

그 외에도 수많은 위기가 있었지만 노련한 스태프들과 호스트 덕에 치명적인 방송사고는 면하며 그렇게 나는 입봉 방송을 끝냈고 어엿한 한 명의 홈쇼핑 PD가 되었다. 당시에는 비련의 주인공마냥 나만 왜 이럴까, 나는 방송에 소질이 없는 걸까 하는 생각도 했지만, 돌이켜보면 빠르게 방송을 시작해서 경험과 노하우를 남들보다 먼저 쌓을 수 있는 좋은 기회를 잡은 것이었다. 그렇게 생방송을 책임지는 정식 PD가 되면서 홈쇼핑에 대해 아무것도 모르던 나는 본격적인 홈쇼핑의 세계에 발을 들여놓았다.

# 홈쇼핑 PD,
# 택배기사가 되다!

'○○통운 택배기사입니다. 경비실에 물품을 맡겨놓았으니 꼭 찾아가세요.'

온라인 유통이 대세가 된 지금, 쇼핑에 크게 관심이 없는 나조차도 택배기사님들의 배송 완료 문자를 일주일에 두 번 정도는 꼭 받는 것 같다. 일반적인 물건은 물론이고 상하기 쉬운 식료품마저 주문만 하면 하루 이틀 내로 오니 얼마나 편리한지. 요즘은 당일 배송 서비스도 생겨서 아침에 주문하면 오후나 저녁쯤 받아보는 일도 매우 흔해졌다.

이런 배송 서비스가 우리의 생활과 밀접해지고 흔해진 만큼 잡음도 끊이지 않는다. 개개인의 택배 서비스에 대한 불만부터 아파트 입주민 전체와 택배회사, 택배기사 간의 갈등까지 사회적으로 큰 이슈가 될 만큼 택배 서비스는 우리 삶 깊숙이 들어왔다. 그리고 홈쇼핑이야말로 택배가 없으면 사업을 접어야 할 정도로 긴밀한 관계를 맺고 있으며 그 서비스의 질이 매우 중요하다.

실제로 고객들의 클레임 중 절반 정도는 배송 상태나 배송 방법, 배송 날짜 등에 관련된 것이니 택배 서비스야말로 홈쇼핑이 고객과 최후에 만나는 얼굴이라고 할 수 있다. 실제 배송에 관한 고객들의 클레임에 홈쇼핑이 가장 민감하게 반응하고 대처하는데, 그래서 지역별 전담 배송원을 둔다거나 배송 단계별 알람을 제공하는 등 배송 서비스에 최선을 다한다. 하지만 택배 서비스와 밀접한 회사에 다니면서도 나도 가끔은 택배에 대한 불만이 폭발할 때가 있다.

"택배기사님, 물건을 그냥 현관 앞에 두고 가시면 어떡합니까? 전화나 문자를 미리 주셨어야죠."

"아, 부재중이셔서……."

"저 집에 하루 종일 있었는데 거짓말하실 거예요? 초인종 눌러보셨어요?"

"아, 집에 아기가 있는 분들도 있고 해서…… 초인종을 누르면 싫어하시거든요. 아무튼 다음부터는 꼭 미리 연락드릴게요."

매끄럽지 않은 배송으로 하마터면 분실될 뻔한 내 택배를 발견하고 씩씩대며 전화를 끊는다. 이렇게 자기 실수를 인정하고 재발 방지를 약속하는 택배기사님은 매우 양반에 속한다. 어떤 택배기사님은 불쾌하다는 듯 퉁명스럽게 "물건 없어지면 제가 물어드릴게요." 하고 전화를 일방적으로 끊은 적도 있다.

홈쇼핑 회사에 입사하여 신입사원 교육을 받다 보면 자기 직무뿐만 아니라 회사 직무에 대해 전반적인 교육도 함께 받게 된다. 어느 날 교육 내용으로 택배 서비스 이야기가 나왔다. 홈쇼핑에서 택배 서비스가 얼마나 중요한지, 우리 회사가 고품질의 서비스를 위해 어떤 활동을 하는지가 주된 내용이었는데 당시에 택배 위탁 장소 관련해서 택배기사님과 언쟁을 한 후라 나도 모르게 택배 서비스에 대한 불만을 쏟아냈다.

"왜 택배기사님들은 연락을 안 하시고 집 앞에 물건을 두고 가실까요? 사람이 집에 있는데 경비실에 물건을 두고 가는 건 업무를 제대로 하지 않는 것 같은데요? 기사님들은 매번 너무 바쁘다고, 근무 환경이 열악해서 어쩔 수 없다고 자꾸 그러시는데 그건 고객이 감당해야 할 몫은 아니지 않나요? 이런 작은 불만이 쌓여서 회사에 대한 나쁜 이미지와 불신이 커질 수도 있어요."

쏟아지는 나의 불만을 끝까지 경청하던 신입사원 교육 담당자는 신입사원 교육의 일환이자 현장 점검의 의미로 이틀 정도 실제 택배 업무를 해보면 어떠냐고 제안했다. 거절하기에는 너무 많은 불만을 쏟아내버린 상황. '내가 왜 택배를?' 하는 마음도 있었지만 솔직히 택배기사님들의 일과가 궁금하기도 했고 열악하다고 소문난 근무 환경을 직접 보고 싶기도 했다. 그래서 실제 택배기사님과 함께 이동하면서 옆에서 업무를 도와드리는 수준으로 협의하고 바로 다음 날 아침 회사가 알려준 택배회사로 향했다.

내가 안내받은, 사무실이라기에는 정돈되지 않고 개방된 공간은 많은 기사님들이 오가며 택배송장을 출력하고 업무 세팅을 하는 등 조용하지만 출근 시간 특유의 부산함이 감돌았다. 8시 30분 정도 되었을 때 오늘 하루 나와 함께 할 기사님과 인사를 한 뒤 그날 배달해야 할 상품을 차량에 실어야 한다고 해서 같이 집하장으로 나갔는데 이게 웬일? 입이 떡 벌어질 정도로 많은 양의 물건이 나를 기다리고 있었다. 정말 택배차량에 저게 다 들어갈까 싶을 정도로 많은 양이었는데 오늘 안에 다 배달해야 한다고 하니 믿고 싶지 않을 정도였다. 배송지역별로 분류된 택배상자를 차량에 싣는데 무작정 넣고 보는 나와 달리 기사님은 흡사 테트리스를 하듯 빈틈없이 차량을 채워나갔다. 30분 정도 걸려 택배상자를 모두 싣고 배송지역으로 출발.

원래 나의 계획은 가면서 기사님과 가볍게 이야기하며 택배 업계의 고충이나 인간적인 이야기를 듣는 것이었는데 출발하자마자 기사님은 전화를 돌리기 시작했다. 시간을 절약하기 위해 이동하는 길에 배송지역 고객들에게 미리 연락을 하는 것이다. 돕고 싶은 마음에 나도 고객들에게 전화를 걸었는데 전화를 받지 않는 고객이 절반 이상, 전화를 받은 고객 중 절반 이상은 집에 없어 위탁 장소를 알려주었다. 평일임을 감안해도 당시에 집에 사람이 있는 경우가 너무나 적어서 놀란 기억이 난다.

전화를 받지 않는 고객들은 택배 안내 문자를 보내 위탁 장소를 물어봐야 했고 고객이 집에 있다고 해서 배달을 갔더니 부재중이라 다시 연락해야 하는 통에 고객에게 배송 사전 안내하는 속도가 배달하는 속도를 따라잡을 수 없어서 점심 이후부터는 거의 단체 문자를 보내며 배달을 했다.

전화기도 쉴 틈이 없었는데 기사님이 거는 전화, 보내는 문자, 그 문자에 대한 고객의 답 등이 끊임없이 이어졌다. 1시간에 서너 번은 택배가 언제쯤 오냐는 고객들의 전화까지 겹쳐 전화기는 말 그대로 내내 울리는 상태였다. 돌이켜보면 나 역시 직장을 다니는 사람이라 택배가 올 때 대부분 집에는 아무도 없었고 그나마 기사님의 전화를 받아 위탁 장소를 말씀드린 경우는 다행이지만 업무를 보느라 연락을 받지 못하는 경우도 정말 많았다.

그때까지는 그냥 바쁘면 그럴 수도 있다고 생각했는데 직접 현장에서 배송을 해보니 대답 없는 고객이 기사님들을 얼마나 애타게 하는지 실감할 수 있었다. 연락 없이 배송한 기사님에 대해서는 불만을 드러내면서 응답 없는 나 때문에 '어디 맡겨놓았으니 꼭 찾아가세요.'라고 애타게 문자 남겨놓은 기사님의 심정은 미처 생각하지 못했다.

또 하나 기억에 남는 것은 그날 20개 정도의 택배를 내가 직접 배달했는데 남성이 혼자 살던 집과 대가족이 북적대던 집, 이 두 집을 제외하고는 택배기사들에게 문을 열어주지 않았다는 것이다. 초인종을 누르고 택배기사라고 이야기하면 대부분 현관 앞에 택배를 두고 가라는 말이 돌아왔다. 나는 사람 앞에 두고 이게 무슨 무례한 행동인가 했는데 기사님은 신경 쓰지 않고 현관 앞에 택배상자를 두고 바삐 움직였다.

한번은 고객의 요청대로 현관 앞에 택배상자를 두고 위층에 올라간 기사님을 기다리며 엘리베이터 앞에서 3분 정도 서 있었는데, 그제야 현관문이 열리며 여성분이 조심스레 택배를 가지고 들어가다 나와 눈이 마주쳐 기겁을 한 적도 있다. 각박해진 세상 탓에 직접 택배 받기도 조심스럽다는 것을 새삼 느끼게 되었다. 기사님 말로는 바쁜데 오히려 그게 좋다고 했다. 대부분 그러니까 아예 현관 앞에 두고 초인종 누르는 동시에 "택배요~" 하고 다음 집으로 가버린다는 것이다. 이런 일은 단순 해프닝으로 치부할 수 있을 만큼, 고객일 때는 몰랐는데 막상 택배기사가 되어 배달하다 보니 전에는 생각지도 못했던 곤란한 상황을 많이 겪었다.

온라인으로 물건을 주문할 때 보면 배송 요청사항이라는 것이 있다. 배송 시 기사님이 알아야 할 사항이라든지 신경 써주면 좋겠다는 사항을 기입하는 것인데 상식 밖의 요청사항이 너무 많아 난감한 적이 많다. 택배기사님들의 일정은 아랑곳하지 않고 무조건 특정 시간에 배송해달라던 요청, 꼭 여성 기사님이 배송해달라던 요청, 택배박스를 중요하게 쓸 예정이니 아무런 흠집이나 얼룩 없이 가져다 달라던 요청 등 기가 막힌 요청사항들이 많았지만 가장 황당했던 요청사항은 옆집으로 배달해달라는 것이었다.

택배에 쓰여 있는 주소와 더불어 요청사항에 옆집 주소를 써놓고 그쪽으로 배달해달라던 고객이 있었다. 선물이겠거니 하며 이상하게 생각하지 않고 요청사항에 따라 옆집 초인종을 눌렀는데 밖으로 나온 집주인이 자신은 택배 시킨 적 없다고 황당해했다. 예상치 못한 상황에 당황하고 있는데 그분이 한숨을 쉬며 몇 번째 이런다고 얘기를 좀 해달라는 것이었다.

알고 봤더니 집에 있는 아기가 택배 수령 시 잠에서 깰까 봐 허락도 없이 옆집을 택배보관함처럼 쓴다는 것이었다. 한마디로 일부러 옆집

주소를 요청사항에 쓴다는 이야기였다! 곤히 잠든 아기가 잠에서 깨면 부모 입장에서 얼마나 난감할지 충분히 이해되지만, 기사님에게 현관 앞에 조용히 두고 가달라고 요청사항에 써놓으면 되는데 왜 엄한 남의 집에 피해를 주는지 이해가 되지 않았다. 내가 원래 배송되어야 할 집 초인종을 누르고 택배 배달이라고 했을 때 문을 열고 아니꼽게 쳐다보던 그분 얼굴이 아직도 잊히지 않는다.

　베테랑 기사님에 의욕 넘치는 조수까지 있었는데도 1시가 넘도록 그날 할당된 택배를 절반도 배달하지 못했고 밥 먹을 시간도 없이 바쁘다는 기사님의 말이 허언이 아님을 느꼈다. 그날 역시 점심은 건너뛰었고 한 고객분이 고생한다고 주신 떡으로 차 안에서 요기를 했는데 사실 쉬지 않고 계속 뛰어다니니 식욕도 별로 없었다.

출근할 때만 해도 깔끔하게 저녁때쯤 배송을 끝마치고 기사님에게 식사라도 대접하려던 내 계획은 저녁 7시가 되도록 남은 수많은 택배 상자로 산산조각났고, 끝까지 함께하지 못해 죄송하다는 말과 함께 기사님과의 하루는 그렇게 끝이 났다. 내가 간 이후에도 기사님의 택배 배송은 밤늦게까지 계속되었을 것이다.

집으로 돌아오는 길에 교육담당자에게 연락해 택배 배송 경험은 오늘 하루로 충분하다고 이야기했고 그렇게 나의 택배 배송 체험은 끝이 났다. 분명 그날 하루가 기사님에게 특별히 힘든 날은 아니었을 것이다. 그 수많은 상황에서도 결코 당황하거나 허둥대는 모습을 보이지 않았으니 기사님에게 이런 일들이 얼마나 자주 있었을지 짐작이 갔다.

매일 이런 일과를 소화하는 기사님의 모습을 직접 보고 나니 택배에 조급해하고 미리 연락을 주지 않았다고 불평하던 내가 조금은 부끄러워졌다. 물론 근무 환경이 열악하다는 이유로 기본적인 것을 소홀히 하는 택배기사님들을 옹호할 생각은 전혀 없다. 지금도 연락 없이 던져 놓고 간 택배 등에 대해서는 택배회사에 컴플레인을 하는 편이다. 다만 택배 배송 체험을 통해 자신의 업무 환경 내에서 최선의 서비스를 하려 노력하는 기사님들이 대단해 보였고, 그날 이후 택배 전화는 무조건 받으려 하고 최소한 문자로 답을 드리려고 노력한다. 또한 택배를 직접 수령할 때는 택배기사님들께 작은 간식이라도 꼭 드리려고 준비해놓는다. 배송만큼은 세계 최고라는 나라의 최전선에서 뛰고 있는 택배기사님들의 처우가 개선되면 배송 서비스도 자연히 좋아질 거라는 생각은 너무 순진한 것일까.

# 네, 사장님!
# 내겐 너무나 어려운 콜센터

"네 고객님, 안녕하세요? 무엇을 도와드릴까요?"

"지금 방송하는 상품 55 사이즈 블랙으로 구입하고 싶어요."

"네, 55 사이즈 블랙 맞으시죠? 성함 ○○○, 주소 ○○○, 전화번호 ○○○ 맞으신가요? 카드번호 마지막 4자리와 비밀번호 입력 부탁드리겠습니다."

택배만큼이나 홈쇼핑에 중요한 것을 꼽자면 바로 콜센터다. 현재 홈쇼핑 방송 주문은 크게 자동주문전화, 상담원 전화, 모바일이나 앱 등 기타의 방법으로 나뉘는데 회사 차원에서 가장 지양하는 방식은 상담원 전화 주문이다. 상담할 수 있는 직원은 한정되어 있고 상담원 주문이 몰릴수록 상담을 대기하는 고객들이 늘어나 주문 시간이 길어지기 때문에 60분이라는 한정된 시간 안에 판매해야 하는 홈쇼핑 방송에서는 전체 주문 중 상담원 주문의 비중이 늘어날수록 매출에 악영향을 미친다. 게다가 상담원과 통화하기 위해 하염없이 대기하다가 주문을 포기하는 고객들까지 감안하면 홈쇼핑 입장에서는 손해가 이만저만이 아니다.

그래서 몇 년 전부터 홈쇼핑 회사들은 상품 주문 속도를 향상시키기 위해 고객들에게 추가 혜택까지 주면서 자동주문전화나 모바일 주문을 독려하고 있지만 여전히 상담원 전화 주문 비중은 상당하다. 가끔 방송에서 부진한 매출을 하고 온 PD들이 매출 부진의 원인을 몰린 상담원 전화 주문과 대기 탓으로 생각하고, 대체 혜택까지 주는데 왜 굳이 시간도 오래 걸리고 불편한 상담원 전화 주문을 선호하는지 이해가 되지 않는다며 푸념할 때가 있다. 하지만 직접 상품을 보지도 않고 호스트의 멘트와 TV 화면으로만, 그것도 홈쇼핑에서 일방적으로 보여주고 싶은 상품의 장점만 60분 동안 반복되니 고객 입장에서는 궁금하거나 불안해서 상담원을 통해 원하는 정보를 얻은 후 비로소 구매하는 것이 나는 이해가 된다.

이렇게 상품 주문을 받는 전문 상담원들이 있고 고객의 클레임을 전문적으로 해결하는 상담원들이 따로 있다. 주문 상담은 그나마 괜찮은데 불만에 가득 찬 고객들을 응대해야 하는 일은 차원이 다르게 힘이 든다. 정중하게 불만을 이야기하고 문제 해결을 바라는 고객들이 대부분이지만 어떨 때는 상담원의 눈물을 쏙 빼놓을 정도로 화가 난 고객들의 전화도 걸려온다. 나 역시 몇 번은 어딘가의 상담원분에게 강하게 클레임을 걸었던 경험이 있다. 상담원의 잘못이 아니라고 마음속으로는 생각하지만 불만을 토로할 수 있는 창구가 여기뿐인데 어쩌겠는가. 이것이 그들의 일인 것을. 나는 그렇게 믿었다. 내가 홈쇼핑 회사에 입사하여 상담원 체험을 하기 전까지는.

홈쇼핑 회사마다 다르겠지만 내가 입사한 회사는 콜센터 견학 및 상담원 실습이 신입사원 교육에 필수적으로 들어간다. 콜센터 교육과 더불어 고객 응대의 최전선을 직접 경험해봄으로써 홈쇼핑에 대한 이해도를 높이려는 취지일 것이다. 특히나 PD들은 방송 중 고객들이 궁금해하는 사항을 상담원들을 통해 전달받거나 방송 후에도 고객들의 질문 리스트를 받아 다음 방송에 반영하는 경우가 많기도 하고, 생방송 중 상담원들의 응대가 길어져 주문이 몰리면 괜히 상담원 탓에 판매가 안 되나 하는 생각이 드는 등 이 콜센터와 굉장히 밀접하게 일을 한다. 그래서 나에게 콜센터 상담원 체험은 여러 면에서 상당히 의미가 있었다. 콜센터 견학을 하는 날, 콜센터에 대해 아무것도 모르는 상태에서 출근하는 길에 나는 동기와 가상 상담원 역할 놀이를 하며 출근길의 고단함을 달랬다.

"네네 고객님, 안녕하십니까?"

"이번에 산 음식이 너무 부실하고 방송에 나온 것과 달라요."

"네네, 그러십니까? 다음에는 사지 마십시오. 그럼 이만 바빠서 끊겠습니다."

견학 전 상담 업무를 대하는 우리의 태도는 딱 이랬다. 회사를 벗어나서 재미있는 체험하는 날. 실제 상담원 체험을 한다고 해도 별일 있겠냐, 고객들이 화내 봐야 뭐 얼마나 심하게 하겠냐, 이런 안이한 생각과 함께. 콜센터 출근과 동시에 안내받은 회의실에서 이뤄진 콜센터의 역사, 현황, 역할 등의 교육은 예상과 다르지 않았고 이후 상담원 체험 시 긴장과 집중이 필요하다는 상담팀장님의 애가 타는 주의에도 그저 우리는 들떠 있었다.

교육에 이은 상담실 방문. 이곳에서 우리는 각자 한 분의 전문상담원을 배정받아 개별 교육을 받았다. 주문 프로그램 사용법부터 고객 정보 확인, 상품 정보 파악, 고객 응대 시 주의사항 등을 전달받고 상담원분들이 한 방송이 진행되는 동안 실제 고객들의 주문 전화를 처리하는 것을 지켜보았다.

지금 돌이켜보면 이때 차라리 긴박한 상황이나 어려운 일이 벌어졌어야 했다. 경험 많은 베테랑 상담원이 노련하면서도 평범하게 고객들의 주문을 받는 모습은 나에게 어쩌면 상담원 일도 해볼 만하겠다는 생각까지 들게 했다. 전화가 오면 고객 정보를 확인하고, 질문이 있으면 미리 띄워놓은 상품 정보방을 참고하여 답변하고, 구매하겠다는 고객이 있으면 고객 정보와 카드번호, 비밀번호를 물어보고 주문을 넣기만 하면 되는 무난한 일. 적어도 그때까지는 상담원 일이 그저 쉽고 평화로워 보였다. 다만 한 고객의 전화를 끊기 무섭게 바로 다른 고객의 전화가 들어오는 것을 보며 조금 바쁠 수는 있겠다고 생각했다. 이후 실제 나의 상담원 체험 때 이게 얼마나 심각한 일인지 전혀 상상조차 하지 못하고 있었다.

그렇게 실제 상담원분들의 주문 상담 업무를 한 시간 지켜본 뒤 드디어 우리의 상담원 체험 시간이 다가왔다. 상담팀장님의 배려로 다소 고객들의 질문이나 주문 난이도가 낮은 식품 방송에 배정이 되었다. '네 고객님, 무엇을 도와드릴까요?' 최대한 상냥한 목소리로 고객들의 기분까지 좋게 해줘야겠다고 굳게 다짐했다. 만약의 사태를 대비해 상담원 한 분이 옆에서 지켜보는 가운데 드디어 첫 주문 전화가 들어왔다. 실수 없이 잘할 것이다. 나는 프로니까. 자신감 있게 전화 연결 버튼을 눌렀다.

"네 사장님, 안녕하세요? 무엇을 도와드릴까요?"

10년 전 일이지만 아직도 잊히지 않는다. 내가 의욕에 가득 찬 목소리로 고객님 대신 난데없이 사장님을 찾은 것이다. 그것도 첫 전화부터. 다행히 사장님은 아무렇지도 않게 생각했지만 첫 스텝부터 꼬인 초보 상담원은 제대로 멘붕이 왔다. 단순 주문 전화인데도 고객에게 주소와 전화번호를 몇 번이나 여쭤보고 상품 이름을 잘못 말하는 등 실수라는 실수는 다 했지만 베테랑 상담원분의 도움으로 첫 주문 전화는 무사히 끝이 났다.

전화를 끊으며 잠시 진정하고 상담원분께 헷갈리는 부분에 대해서도 여쭤보려고 생각했는데 전화를 끊기가 무섭게 다음 주문 전화가 들어왔다. 방송 시간 동안 상담원들에게 휴식시간이란 없는 것이었다. 초보 상담원이, 더구나 마음의 준비가 되지 않은 상태에서 끊임없이 주문 전화를 받으며 고객을 응대한다는 것은 정말 쉽지 않았다.

한 고객은 등록된 다른 주소로 배송을 부탁했는데 주문 프로그램에서 고객의 다른 주소를 조회하는 버튼을 찾을 수가 없어서 죄송하지만 잠시만 기다려달라는 이야기를 다섯 번 넘게 했다. 기다리던 고객의 한숨 소리가 들려 더욱 당황했고 '죄송합니다'를 연발하며 접수를 마쳤다. 한번은 주문을 진행하던 중 실수로 전화를 끊어버려서 고객이 다시 전화해야 하는 상황이 발생해 혼이 나기도 했고, 쿠폰 적용을 잘못해서 고객의 소중한 쿠폰을 날릴 뻔한 상황도 있었다. 천만다행으로 대부분의 고객들이 너그러이 나의 실수를 넘어가주었고 서툴긴 하지만 큰 문제 없이 끝낼 수 있겠다는 생각이 들 무렵 한 고객의 주문 전화를 받았다.

"지금 방송하는 상품이 구성이 너무 많은데 나는 저렇게까지 필요 없어서 절반만 살 테니 반값에 주세요."

처음으로 매뉴얼에 없는 고객의 요청사항을 받고 나는 크게 당황했고 구성과 가격을 임의로 조정할 수 없다고 말씀드렸다. 하지만 그 고객은 막무가내로 절반만 사고 싶다는 말만 반복했고 나 역시 고객에게 할 수 있는 말은 불가능하다는 것뿐이었다. 내가 난감해할수록 고객의 언성은 더 높아졌고 결국 "네 능력이 그따위니 전화나 받고 있지."라든지 "홈쇼핑이 그러니까 장사가 안 되지." 같은 막말과 함께 일방적으로 통화는 끝이 났다.

말도 안 되는 요구를 계속 고집하는 고객에 대한 서운함, 막말로 인한 분노 등의 복잡한 감정이 나를 괴롭히기도 전에 또다시 주문 전화가 들어와 응대를 해야 했다. 적어도 방송이 진행되는 동안은 감정을 추스를 시간도 없었던 것이다. 같이 상담 업무 체험을 한 동기 역시 자기 물건을 가장 먼저 배송해주고 그 증거를 보내라던 고객에게 한동안 시달렸고 대뜸 팀장을 바꾸라는 고객 때문에 진을 뺐다. 사실은 주문

전화 상담원 체험 후 고객 불만 접수 상담까지 예정되어 있었으나 기진맥진해진 우리의 모습을 보고 팀장님은 그냥 여기까지만 하자며 우리를 다독였다.

물론 기억에 남는 좋은 고객들도 있다. 내 실수를 너그러이 넘어가고 느린 일처리를 기다려주신 분들도 많았고, 그냥 고객이 원하는 대로 주문만 제대로 했을 뿐인데 고맙다는 말을 연신 하는 분도 계셨다. 방송이 끝날 무렵 매진이 되었는데 뒤늦게 주문 전화를 한 고객은 이 상품을 꼭 사고 싶다며 너무 아쉽다고 이야기했다. "죄송하지만 매진돼서

저희도 딱히 방법이 없습니다."라며 전화를 끊으면 되었는데 무슨 생각에서인지 조금만 기다려보시라며 수량 현황 새로고침 버튼을 미친 듯이 클릭했다. 마침 고객도 미련이 많이 남았는지 쉽사리 전화를 끊지 못했고 한참을 시도해봤으나 남은 수량은 0. 이제 포기해야 하는 그 순간 주문 취소 물량이 4개 정도 들어오면서 기어코 주문에 성공했다. "고객님, 성공했습니다!"라고 이야기하는 순간 나와 고객은 동시에 환호성을 질렀고 서로 연신 고맙다고 이야기하다가 전화를 끊었다. 그 전까지 나를 짓누르던 긴장감, 답답함, 불쾌함 등이 한 번에 씻은 듯이 없어질 정도로 뿌듯하고 기분이 좋았다. 이 사례는 콜센터 상담원 체험 성공 사례로 한동안 통화내용이 콜센터는 물론 우리 회사에서도 회자되었다.

"곧 상담원을 연결해드리겠습니다. 고객님을 도와드릴 상담원은 저희 회사의 소중한 사람입니다. 고객님의 따뜻한 말 한마디가 상담원에게 큰 힘이 됩니다. 상담원을 연결해드리겠습니다."

"안녕하세요? 제가 세상에서 가장 사랑하는 저희 엄마가 상담해드릴 예정입니다."

요즘 문의나 불만 접수를 하려고 상담원을 연결하면 상담원과 통화 전 이런 안내 음성이 나오는 경우가 많다. 그만큼 상담원분에게 폭언이나 욕설을 하는 사람이 많아 상담원분의 스트레스가 극심하다는 반증일 것이다. 평온한 상태의 사람을 대하는 것도 쉬운 일이 아닌데 이미 불만 등으로 짜증이 난 고객을 다독이는 일은 얼마나 어려울까. 나도 불만이 생겨 화가 난 상태에서 전화했다가 상담원 연결 전 저 안내 음성을 듣고 있자면 괜히 '맞아. 상담원분은 무슨 죄야.' 하며 마음을 추스르고 상담원분에게 최대한 친절하게 말씀드리려고 노력한다. 이렇게 햇병아리 신입사원은 택배기사분들에 이어 콜센터 상담원분들의 마음까지 헤아리며 점차 홈쇼핑 산업의 어엿한 종사자가 되어간다.

PART **2**

# 진짜를 말해드립니다

# 홈쇼핑에 대한
# 이런저런 오해들

소비자들에게 홈쇼핑은 대체로 부정적인 이미지가 강하다. 잊을 만하면 들리는 갑질이나 소비자 기만 등 안 좋은 뉴스 때문이다. 얼마 전 공정거래위원회가 주요 홈쇼핑 4개사의 갑질을 조사한다는 뉴스가 나왔을 때 나의 반응은 두 가지였다.

'대체 또 무슨 갑질을 했기에……. 답답하네.'

'아, 이번에는 댓글 읽지 말까?'

홈쇼핑 회사에서 PD로 일하는 사람으로 이런 뉴스는 달갑지 않지만 또 마냥 무시하고 넘어갈 수는 없기에 뉴스를 훑어보게 된다. 그리고 이제는 너무나도 익숙해서 어떤 내용이 있을지 예상하며 결국 댓글도 살펴본다.

"홈쇼핑 놈들 맨날 업체한테 돈 뜯어내고 말이야."

"저번에 뭘 시켰는데 너무 허접해서 내 다시는 안 시킨다."

"오늘 아니면 못 산다. 이게 올해 마지막 세일이라고 해놓고서는 다음 달에 똑같은 방송 하는 놈들."

"아직도 홈쇼핑하는 사람들이 있나? 나는 TV에서 홈쇼핑 채널을 아예 싹 다 지웠어."

"업체에 방송 시간 할당해주고 그저 편하게 앉아서 돈이나 받아먹는 비양심적인 놈들."

"거기 PD들은 호스트들과 어울려 술자리도 하고 업체한테 접대도 받는다던데?"

어제오늘의 일도 아니지만 정말 꾸준하면서도 한결같은 내용들이다. 나도 모르게 깊은 한숨과 함께 인터넷 창을 닫는다. 홈쇼핑은 소비자들이 갖는 부정적인 내용의 진실 여부를 떠나 많은 사람들에게 '갑질 회사', '시청자를 상대로 사기 치는 회사' 등으로 인식되어 있는 듯하다. 이렇게 사회 전반에 만연되어 있는 부정적인 인식은 홈쇼핑 회사에 근무하는 직원들 역시 부도덕하며 회사의 힘을 이용해 사적인 이득을 취하는 사람들로 치부되기도 한다.

홈쇼핑 회사와 직원들이 잘못한 부분은 백번 반성하고 처벌받아야 하며 재발 방지를 위해 노력해야 한다. 하지만 현업에 있는 사람으로서 홈쇼핑에 대해 무조건 삐딱한 시선을 가지고 '카더라' 수준으로 험담하는 사람들만큼 힘 빠지게 하는 것이 없다. 심지어 지인들조차 몇몇 잘못된 사실을 가지고 나에게 확인차 물어보면서 내가 말도 안 되는 소리라고 하면 믿기보다는 '너도 홈쇼핑 회사 사람 다 되었구나.' 하는 반응이 먼저 나온다. 가장 위험하면서도 절대 하면 안 되는 사고가 '여기는 원래 이런 거야. 시스템도 모르는 것들이 멋모르고 떠들기는'이지만 정말 홈쇼핑 회사에서 일하는 사람으로서 오래된 오해들은 이 자리를 빌려 풀고 싶다.

# 홈쇼핑은 방송 시간만 빌려주면서
# 편하게 돈을 번다

주변 사람들이 나에게 자주 하는 말이 있다.

"정말 부럽다. 홈쇼핑은 손해보는 구조가 아니잖아. 협력사에 돈 받고 방송 시간만 빌려주고 물건이 안 팔리면 결국 그 협력사만 손해보는 거 아냐? 회사 엄청 편하게 다닐 수 있겠는데?"

욕을 먹더라도 차라리 그러면 좋겠다. 차라리 사실이어서 회사는 방송할 때마다 이득이고 매년 쑥쑥 성장하며 PD들은 매출 때문에 스트레스받지 않으면 정말 좋겠다. 현실은 그렇지 않기 때문에 내가 오해라고 말하는 것이다. 먼저 협력사에 돈을 받고 방송 시간을 빌려주는 것을 부당하게 보는 것에 대해 알아보자. 사람들은 마치 홈쇼핑 회사가 협력사에 이유 없이 돈을 뜯어내는 것처럼 오해하는데 이렇게 생각하면 오해가 풀린다. 홈쇼핑은 한 시간의 '매장'을 각각의 협력사에 제공하는 것이다.

생각해보자. 길을 걸으면서 만나는 수많은 매장들은 무료로 그곳에서 영업하는 것이 아니다. 건물 주인에게 위치나 조건에 따라 협의된 임차료를 내고 그 공간을 이용하는 것이고 그 누구도 그것을 부당하다고 이야기하지 않는다. 하물며 인터넷 쇼핑몰에서도 업체들은 판매 페이지에 노출되기 위해 입점이라는 개념하에 수수료를 쇼핑몰에 지급한다. 이것 역시 너무도 당연하다. 그런데 왜 전국에 노출되는 한 시간의 매장을, 더군다나 홈쇼핑 회사의 인력과 장소를 활용하는 매장은 무료로 제공되어야 하고 그것을 대가로 돈을 받는 것이 부당하다고 생각하는 것일까?

게다가 이런 홈쇼핑의 채널 역시 그냥 얻어지는 것이 아니다. 홈쇼핑은 허가제로 일정 기간마다 방송통신위원회로부터 방송 허가를 받아야 한다. 허가 기준에 미치지 못하면 방송 정지를 당하기도 하고 심하면 방송할 수 있는 사업자 자격을 박탈당할 수도 있다. 얼마 전 한 홈쇼핑 회사가 기준 미달로 몇 달간 특정 시간대에 방송을 송출하지 못하는 처분을 받기도 했다. 그렇기에 방송 허가를 위해서 매년 많은 투자와 노력이 필요한 것이 사실이다.

또한 홈쇼핑 회사들은 채널을 노출하기 위해 SO(유선방송사업자)들에게 매년 어마어마한 비용까지 지불한다. 마치 국유지인 계곡을 자기 소유처럼 평상을 설치해서 사용료를 받고 음식값을 바가지 씌워 이득을 얻는 식당들과 같은 케이스가 절대 아니라는 것이다. 물론 건물주가 세입자에게 과도한 임대료를 요구하면 안 되듯 방송할 때 홈쇼핑 회사가 협

력사에 과도한 수수료를 요구한다면 그것은 반드시 개선되어야 할 일이다.

홈쇼핑이 노력 없이 편하게 돈 번다는 이야기도 큰 오해다. 앞서 이야기한 것처럼 그렇게 기를 쓰고 채널을 확보했는데 방송을 하겠다는 협력사가 없다면 홈쇼핑 회사는 운영될 수가 없다. 매장들이 고객을 유치하기 위해 메뉴도 개발하고 직원 교육도 시키고 내외부를 예쁘게 꾸며놓듯 홈쇼핑도 마찬가지다. 협력사 직원분들이 돈을 내고 꾸준히 들어오는 매력적인 채널이 될 수 있도록 갖은 노력을 한다. 성공적인 방송을 위해 솔루션을 제공하고 방송 후에도 매출이나 고객 분석을 통해 다음 방송에 반영할 부분이 있는지 살펴본다.

　예를 들어 TV 방송이 예정된 상품 중 적합한 상품을 선정하여 SNS 사전 마케팅 활동 서비스를 제공한다. 이때 영상 제작이나 SNS 채널 확보 및 광고에 필요한 작업과 비용은 홈쇼핑 회사가 책임진다. 이런 마케팅을 통해 상품의 사전 홍보 및 판매를 촉진시키고 구매 고객들을 분석하여 TV 방송을 하기 전에 유용한 정보들을 제공하는 것이다. 최근 한 뷰티 상품 협력사는 이런 솔루션을 통해 방송을 하기도 전에 이미 수천 건의 판매와 구매 고객 분석이라는 선물을 받아갔다.

　방송에 관련된 직원들의 교육 또한 꾸준히 이루어진다. 방송과 밀접한 PD들은 영상 제작에 관련된 교육뿐만이 아니라 글쓰기, SNS 활용법 등 다양한 교육을 받으며 호스트 또한 자주 전문 방송인들을 초청해서 트레이닝을 받는다. 또한 홈쇼핑 회사들은 보기 좋은 방송을 위해 스튜디오나 소품 등에도 많은 투자를 한다. 주기적인 스튜디오 리모델링, 소품 교체, 화면 기법 개발 등으로 시청자뿐만 아니라 협력사에도 매력적인 방송이 되도록 무던히 노력한다. 이 정도면 홈쇼핑이 노력 없이 협력사에 방송 시간만 빌려줘서 편하게 돈 번다고는 할 수 없지 않을까?

# 질 낮은 상품을
# 소비자에게 속여서 판다

내가 주변에서 들어본 혹은 인터넷상에서 본 홈쇼핑에 대한 상당수의 불만이 바로 이것이다. 열심히 방송을 한 입장에서 이것만큼 허탈한 일이 있을까 싶다. 물론 홈쇼핑 방송을 보고 믿고 구매하여 기대하고 있는데 안 좋은 상품을 받은 고객이 얼마나 크게 상심했을지 내가 감히 미루어 짐작할 수 없다. 그것은 회사와 방송을 한 나의 잘못이다.

내가 억울하다는 것은 고객들이 문제없는 상품에도 딴지를 건다는 것이 아니라 마치 홈쇼핑이 품질 검증을 전혀 하지 않고 방송에서 질 낮은 상품을 좋은 상품처럼 고객들을 속여서 구매하게 만든다고 오해한다는 것이다. 물론 배송된 상품에 실망한 고객들에게는 변명처럼 들리겠지만, 먼저 현업에서 일하며 느끼는 점은 홈쇼핑 품질 검증이 방송 준비를 방해할 만큼 철저하다는 것이다.

홈쇼핑 회사도 바보는 아니다. 질 낮은 상품을 팔면 고객들이 실망하여 더 이상 구매하지 않는다는 것을 누구보다 잘 알고 있다. 그렇기 때문에 1년에 생방송만 1,000건을 넘게 하고 온라인몰까지 합치면 매년 수만 개의 상품을 판매하는데도 품질 검증에 사활을 건다.

하나의 상품이 홈쇼핑 방송에 선보이기까지는 오랜 검증 시간이 필요하다. 먼저 MD의 검증을 거쳐야 한다. 협력사와 가장 먼저 만나는 MD는 책임을 지고 상품의 품질과 방송 적합성을 검증한다. 이 단계에서 수많은 상품들이 그 높은 기준을 충족하지 못하고 탈락한다. MD의 날카로운 눈을 통과하면 그때부터가 비로소 시작이다. 그다음으로 품질 검증팀에서 상품을 검증하는데 이 팀은 방송 일정이 지체되는 한이 있어도 상품에 하자가 없는지 고객에게 판매하기 적합한 상품인지 끊임없이 검증한다.

내가 회사의 품질 검증이 대단하다고 느낀 사례가 몇 번 있다. 한번은 새로운 상품을 준비하는데 회의 때 협력사 직원분 불만이 대단했다. 외국에서도 검증된 상품인데 방송 한번 하는데 각종 인증서 및 실험 데이터 등 품질 검증팀에서 요구하는 것이 너무 많다는 것이었다. 나 역시 당시에는 왜 이렇게 까다롭게 볼까 하며 협력사 직원분들 편에서 맞장구를 쳤다. 결국 그렇게 한동안 애를 먹던 협력사는 이럴 거면 방송을 하지 않겠다며 우리 회사와 비즈니스 관계 종료를 선언했다. 얼마 지나지 않아 온라인몰에서 동일한 상품을 판매하다가 품질에 심각한 하자가 발견되어 큰 문제가 되었다는 이야기를 듣고 소름이 돋는 동시에 회사가 품질 검증을 허투루 하지는 않는다는 생각을 했다.

또 한번은 새로운 식품 방송을 준비하던 중 품질 검증팀에서 상품과 더불어 협력사의 생산능력을 분석하여 정상적인 품질을 보증할 수 있는 '한 방송 최대 판매 수량'을 제안했다. 방송 당일, 우리의 예상보다 판매가 잘 되었고 품질 검증팀이 제안한 수량까지만 판매하고 방송을 종료했으나 방송 후 주문이 조금 더 들어와서 협력사 측에 이분들에게는 주문 취소 및 배송 불가 안내를 하겠다고 했다. 하지만 협력사에서는 그 정도 수량은 충분히 문제없이 추가 생산이 가능하다고 자신만만해서 판매를 허락했는데, 아니나 다를까 추가로 생산해 배송된 상품 중 일부가 고객들에게서 클레임을 받았다. 재배송 및 협력사 엄중 경고를 약속했지만 그 고객들에게서 다시 신뢰를 얻기까지는 많은 시간이 필요할 것이다.

이뿐만 아니라 품질 검증을 통과하지 못해 준비 과정이 전부 날아가는 경우도 다반사다. 상품을 발굴해낸 MD도, 열심히 준비한 협력사에도 참 안타까운 일이지만 어쩔 수 없다. 홈쇼핑 특성상 대량으로 생산하여 각 고객에게 배송되기 때문에, 그리고 사람이 하는 일인지라 원래 상품보다 질이 낮은 상품이 배송될 수도 있고 배송 과정에서 문제가 생길 수도 있다. 그런 상품을 받아본 고객에게는 입이 열 개라도 죄송한 마음뿐이며 그 비율을 줄이기 위해 지금도 끊임없이 노력하고 있다.

# 홈쇼핑 PD는 힘이 막강해
# 출연진, 협력사도 꼼짝 못 한다

내가 PD라서 그런지 가장 많이 듣는 오해이자 가장 억울한 이야기다. 나의 지인들조차도 호스트들이 방송 출연을 위해 PD에게 쩔쩔매지 않느냐고 물어보는데, 실제 호스트가 방송에 출연하는 과정을 보면 그것이 말도 안 되는 이야기라는 걸 바로 알 수 있다. 먼저 방송이 생기면 아이템에 따라 PD팀에서 PD가 배정되고 호스트팀에서 호스트를 배정한다. 물론 호스트를 배정할 때 PD가 어떤 호스트가 좋겠다는 의견은 낼 수 있지만 말 그대로 의견이며 배정에 큰 영향을 미치지는 않는다. 그리고 PD가 특정 호스트 배정 혹은 이미 배정된 호스트 변경을 요청하려면 수많은 이유와 배경을 설명해야 한다.

종종 MD나 협력사 측에서 특정 호스트를 강력하게 원하는 경우가 있다. 그들과 호스트팀의 연결고리는 PD이기 때문에 이런 상황에서

PD는 엄청 난감해진다. 호스트팀에는 어떻게든 특정 호스트를 배정받기 위해 구구절절 이유를 이야기해야 하고, MD나 협력사 측에도 그 호스트가 출연하기 어려운 이유를 궁색한 변명과 함께 설명해야 하기 때문에 여간 고역이 아니다. 게다가 적합한 호스트를 배정받는 능력이 PD 능력의 척도라고 생각하는 MD나 협력사들이 많기 때문에 PD들은 매주 호스트 배정 때문에 한바탕 전쟁을 겪는다.

협력사와의 관계도 마찬가지다. 사람들은 협력사가 방송을 하기 위해 PD에게 수많은 로비와 청탁을 한다고 생각하는데 이것 역시 너무나 잘못된 오해다. 홈쇼핑 방송을 준비하는 과정을 보면 MD가 상품을 소싱하고 협력사와 여러 조건을 협의하여 방송을 확정한 후 PD에게 방송 회의를 요청한다. PD가 협력사를 처음 만나는 자리가 이 방송 회의인데 이때는 이미 방송이 확정된 상태다. 한마디로 협력사가 방송을 위해 PD에게 아쉬운 소리를 전혀 할 필요가 없다는 것이다.

게다가 방송이 확정된 협력사는 철저히 우리의 고객이다. 현재 홈쇼핑 채널만 10개가 훌쩍 넘어가기에 모든 홈쇼핑 회사에서 협력사는 하나하나 소중한 고객이다. PD와 협력사가 만나는 방송 회의는 고객인 협력사의 요청사항을 듣고 거기에 PD의 전략을 결합하여 고객이 만족하는 방송을 만드는 자리인 것이다. 회사에서도 협력사가 만족하는 방송을 하는 것이 PD의 역할이라고 강조하여 PD는 회의 때 협력사의 요청사항을 빠짐없이 경청하여 방송에 반영하려고 노력한다. 나 역시 수없이 많은 협력사를 만났지만 친절한 협력사는 있었을지언정 나에게 쩔쩔매고 청탁하려는 협력사는 단 하나도 없었다. 심지어 방송이 끝나고 방송 진행에 만족하지 못한 협력사 직원분들이 PD를 질책하는 광경도 심심치 않게 볼 수 있다.

한번은 새로운 상품을 런칭하게 되었는데 그 상품은 타사에서 좋은 매출을 기록하여 어렵게 모시고 온 협력사의 상품이었다. 잘 나가는 협력사를 모셔왔기 때문에 협력사도 고자세고 매출도 타사와 계속 비교될 것이 자명하기에 PD 입장에서는 가장 부담되고 긴장되는 방송이었다. 방송 회의 때도 자사 상품이 현재 얼마나 잘 나가는지 그리고 방송 시 요청사항만 잔뜩 이야기하는 협력사 직원분을 상대하면서 진땀을 뺐는데 최선을 다해 준비했는데도 매출이 썩 좋지 않았다.

매출이 안 나올 때는 여러 가지 요인이 복합적으로 작용하지만 이날 방송 리뷰 회의 때 협력사는 우리의 방송과 타사의 방송을 비교하며 오직 방송의 부족함만을 탓했다. 할 말이야 산처럼 많았지만 어쩌겠는가. 나와 호스트들이 그저 죄송하다는 말만 되풀이할 수밖에. 하지만 가끔 이렇게 마음 아픈 일이 있더라도 고객인 협력사 직원분들이 원하는 것을 홈쇼핑에 요구하고 홈쇼핑이 경청하는 지금 구조가 나는 건전한 홈쇼핑 산업을 위해서 맞는다고 생각한다.

# 님아,
# 그 경품 나도 좀 주오

"○○시 ○○구 고객님! 상품권 50만 원 당첨 축하드립니다!"

홈쇼핑 방송을 진행하면서 시청자들이 가장 부러울 때가 경품 당첨자를 발표하는 시간이다. 아! 나도 당첨되고 싶다. 요즘 어느 홈쇼핑 할 것 없이 생방송 중 혹은 주간, 월간 단위로 다양한 경품을 선보이고 있다. 특히나 월 단위 경품은 직원들도 혹할 만큼 대단한 경품이 걸려 있다. 고급 외제차나 명품백, 몇천만 원에 달하는 현금이나 상품권을 보고 있자면 혹시 나도? 하는 마음에 지갑을 열게 된다. 방송 중에도 상품권이나 현금이 걸려 있는 경우가 많아 수시로 당첨자 발표가 이어진다. 고객의 참여를 늘려보려는 홈쇼핑의 의도와 상품을 사는 김에, 렌탈 방송 같은 경우는 심지어 결제도 없이, 경품 당첨을 바라는 시청자가 만난 윈윈 거래지만 일부 유통업계에서 벌어진 내부 인원의 당첨,

당첨자 조작 의혹, 경품 응모를 빙자한 개인 정보 수집이라는 옳지 않은 사건들로 이런 경품들이 의심의 눈초리를 받는 것도 사실이다.

"나 방송 볼 때마다 전화번호 남기는데 한 번도 경품 당첨된 적 없어. 네가 PD니까 어떻게 조작해서 나 좀 당첨시켜주면 안 돼?"

나의 가까운 지인들조차 이렇게 이야기하는 것을 보고 홈쇼핑 경품에 대해 크게 오해한다고 느끼게 되었다. 프롤로그에서 밝혔듯 번번이 당첨자 목록에 자신의 이름이 없는 것을 보고 '나는 한 번도 당첨된 적이 없는데 대체 누가 당첨되는 거야?', '자기들끼리 해 먹는 거 아냐?' 하며 한 번쯤은 의심하며 분통을 터트렸을 홈쇼핑 고객들에게 경품 당첨에 대한 정확한 사실 몇 가지를 말하고자 한다.

먼저 경품에는 제세공과금이 있다. 경품으로 취득한 소득이 5만 원을 넘으면 이것은 기타소득으로 분류되어 과세대상이다. 총 22%의 제세공과금이 부과되는데 예를 들어 100만 원 상당의 상품권이나 현금에 당첨된다면 22만 원이 세금으로 공제된다는 뜻이다. 현금이나 상품권이 아니어도 마찬가지다. 가령 5,000만 원 상당의 외제차에 당첨되었다면 1,000만 원 이상의 제세공과금을 내야 한다.(물론 경품 수령을 거부하면 내지 않아도 된다.) 그래서 종종 당첨되었는데도 이 제세공과금이 부담스러워 당첨을 포기하는 고객들이 나온다. 상당수의 고객들이 이 제세공과금에 대해 정확히 알지 못하는 경우가 많고, 심지어 당첨 고객이 제세공과금을 회사에 먼저 입금해야만 경품을 수령할 수 있기 때문에 실제로 제세공과금이 부담스러워 엄청난 경쟁률을 뚫고 경품에 당첨되고도 수령을 포기하는 사례가 종종 생긴다.

한번은 회사에서 월 단위 경품으로 벤츠를 걸었는데 내가 진행한 방송에서 응모한 고객이 당첨되어 고객에게 경품 당첨 안내 및 벤츠 지급 관련 업무에 투입된 적이 있다. 회사 홈페이지에 당첨자 고지 후 당첨 고객에게 전문 안내원이 연락드렸는데 그 고객이 경품 수령을 거부했다는 이야기를 들었다. 알고 보니 1,000만 원이 넘는 제세공과금이 부담스럽고 당장 그 큰 목돈을 마련할 방법이 없어서 수령을 거절했다는 것이다. 이런 고객분이 나올 때마다 우리는 벤츠를 받아서 팔기만 해도 그 돈 이상은 받을 텐데 하면서 안타까워하지만 당첨되고도 받지 못하는 고객의 마음은 얼마나 더 안타까울지 상상조차 할 수 없다.

그리고 당첨 시 제세공과금을 고객이 먼저 경품 제공 회사에 입금한 후 경품을 수령해야 하는 시스템 때문에 또 다른 안타까운 상황들이 발생한다. 지나친 의심병으로 기껏 당첨된 경품을 날리는 고객들이다. 대부분의 고객들은 당첨 안내 전화를 받고 굉장히 기뻐하며 경품을 수령한다. 그런데 요즘 세상이 흉흉하기도 하고 보이스피싱이 하도 극성이다 보니 경품 당첨 전화를 믿지 않는 고객들도 있다. 어느 회사냐부터 어떤 이벤트였냐, 내가 응모한 시간이 언제냐, 경품이 뭐냐까지 세세히 물어보면서 경계하다가 제세공과금 이야기가 나오고 22%에 해당하는 금액을 먼저 입금해야 한다고 안내하면 드디어 본색을 드러낸다고 생각하면서 가차 없이 전화를 끊어버린다. 이런 경우 대부분 전화번호를 차단하는지 다시 전화드려도 받지 않고 문자를 남겨도 답이 없는 경우가 많다. 그렇게 몇 번 시도해도 경품 수령을 거부하면 우리도 별수 없다. 재추첨을 하여 새로운 주인을 찾는 수밖에. 자신이 응모한 경품 이

벤트는 잘 기억하고 있다가 드물게 오는 이 행운을 절대 놓치지 말자.

경품에 대한 또 다른 오해는 경품을 내건 회사들이 고객에게는 경품 행사로 거창하게 홍보하면서 결국 회사 내부에서 나눠 먹기 혹은 당첨자 임의 선정을 한다는 것인데 결론부터 이야기하면 아예 불가능하다. 앞서 이야기했듯 지인들이 장난삼아 추첨 조작을 청탁하기도 하고 너희들끼리 나눠 먹는 거 아니냐고 말하는데 일단 내부 직원들은 시스템상 당첨 대상에서 자동으로 제외된다. 내가 입사하기도 전인 홈쇼핑 초창기에는 실제 임직원들도 응모가 가능하여 실제 당첨자가 종종 나왔다. 하지만 외부에서 볼 때 공정성에 의문을 제기할 수 있다는 판단 하에 시스템이 바뀌었고 지금까지 유지되고 있다. 물론 지금도 응모 자체를 막아놓은 것은 아니기에 종종 시스템에서 거르지 못하고 심지어 당첨까지 되는 바람에 해프닝이 종종 생긴다.

임직원은 당첨 대상이 아닌 것을 알기에 임직원들은 보통 경품에 응모조차 하지 않는 경우가 대부분인데 한 번씩 장난삼아 해볼 때가 있다. 한번은 신입 직원 중 한 명이 이런 시스템을 알지 못하고 응모했다가 월 단위 경품에 당첨되어 다시 추첨한 적이 있다. 이 직원은 감히 고객들의 경품을 탐한 사람으로 한동안 놀림감이 되었다. 개인적인 경험으로는 회사 프리랜서분이 내가 진행하는 방송 중 경품에 당첨되었는데 당첨자 발표 직전까지 모르다가 발표 직전에 발견되어 황급히 재추첨한 일이 있다.

그럼 임직원들의 지인들은? 그분들은 회사의 직원도 아니고 자기 아이디나 전화번호로 응모하는 것까지는 막을 수 없다. 그러면 임의로 조작해서 지인들을 당첨시켜주는 건 가능하지 않느냐는 의문이 들 수 있는데 홈쇼핑 회사마다 경품 당첨자를 무작위로 추첨하는 프로그램을 쓰기 때문에 직원이 임의 조작하여 특정인을 당첨자로 만드는 것은 불가능하다.

나도 PD인지라 방송 중에 경품을 추첨하고 당첨자 발표를 자주 하는데 추첨 시스템을 보면 방송 중 정해진 시간 내 구매 혹은 전화번호를 남기는 고객들이 응모 대상이 되고, 내가 하는 일이라고는 프로그램에 들어가서 추첨 버튼을 누른 후 당첨자가 뜨면 이어 발표 버튼을 누르는 일밖에 없다. 인위적으로 조작하고 싶어도 끼어들 여지가 없다는 것이다. 참고로 내 아주 가까운 지인 중에서도 10년 동안 계속 홈쇼핑 경품에 응모하는 분이 있는데 한 번도 당첨된 적이 없다. 매일 나를 붙잡고 한 번만 당첨시켜달라는 그분은 여전히 홈쇼핑 경품 당첨의 꿈을 꾸고 있다. 언젠가는 그분이 꼭 당첨되기를 나도 진심으로 바란다.

또 홈쇼핑 경품 당첨 노하우라면서 몇십 번씩 전화번호를 남기면 당첨 확률이 높아진다는 오해가 있는데 오히려 이런 행위는 블랙리스트가 될 가능성이 있다. 주로 방송 중에 결제하는 상품이 아니라 전화번호만을 남기고 추후 상담원의 전화를 받는 형태인 렌탈 방송에서 이런 분들이 있다. 이처럼 상담 받을 번호만 남겨놓는 생방송의 경우 고객을 확보하기 위해 경품을 적극 활용하는 편인데 전화번호를 남길 때마다 중복으로 응모 대상이 되는 점을 악용하여 한 시간 동안 몇백 번씩 전화하는 시청자들이 일부 있다. 다시 말해 방송을 하는 동안 계속 전화를 걸어 번호를 남기고 끊고 다시 걸어 번호를 남기는 식으로 전체 응모자 중 자신의 포션을 늘려 당첨 확률을 높이려는 행위다. 말이 몇백 번이지 1분에 두세 번 전화하는 셈이다.

솔직히 처음에 그런 고객이 있다는 이야기를 듣고 실감이 나지 않았는데 특집 방송으로 큰 경품이 걸린 방송을 직접 진행한 후 한 고객이 600번 전화했다는 이야기를 듣고 이런 분들이 진짜 있다는 것을 알게 되었다. 몇 번 정도야 경품에 당첨되고 싶은 고객의 귀여운 꼼수라 생각하고 넘어가지만 정말 몇백 번씩 전화하면 경품 추첨의 공정성에도 위배되고 콜센터 시스템에 과부하가 올 수도 있다.

생각보다 홈쇼핑 시스템은 정교해서 이런 번호들은 다 기록이 남고 지속적으로 이런 행위가 발생하면 블랙리스트로 관리될 가능성이 있다. 블랙리스트가 된다고 큰 불이익은 없지만 추후 경품 추첨 대상에서 아예 제외되니 당첨은 운이라고 생각하고 가볍게 응모해보자.

이렇게 공정하고 시스템적인 홈쇼핑의 경품 이벤트도 합법적으로 당첨 확률을 높이는 나름의 비결이 있다. 물론 누차 이야기하지만 홈쇼핑 PD인 나로서도 경품 당첨 확률을 비약적으로 높이는 방법은 없다. 하지만 경품이 당첨될 수 있는 그 낮은 확률을 1%라도 올릴 수 있는 비밀을 공개하고자 한다. 다만 경품 당첨만을 목적으로 하는 것이 아니라 홈쇼핑 상품을 구입하면서 덤으로 행운을 바라는 분들만 활용해보면 좋겠다.

먼저 방송 중 경품이 걸려 있는 경우를 보자. 보통 방송 중 경품은 한 번에 걸어서 한 번에 발표하는 것이 아니라 경품도 나누고 응모 시간도 나눠서 추첨하고 발표하는 경우가 많다. 예를 들어 생방송 중 500만 원의 상품권이 걸렸다면 1시간 동안 한 번에 500만 원을 걸고 1명의 당첨자를 뽑는 것이 아니라 100만 원씩 나눠 12분 간격으로 다섯 번 추첨하고 발표하는 식이다.

만약 한 방송에 응모할 수 있는 기회가 단 한 번이라면 대체 언제 응모를 해야 할까? 정답부터 이야기하면 무조건 1차 추첨 전이다. 한마디로 기다리지 말고 방송이 시작되자마자 응모하라는 것이다. 홈쇼핑 방송 중 경품 추첨 대상 선정 시스템은 무조건 그때까지의 고객 누적 추첨으로 세팅이 되어 있다. 즉 아까의 사례를 보면 첫 번째 추첨 전인

12분간 응모한 고객들은 첫 번째 추첨 후 추첨 대상에서 제외되는 것이 아니라 두 번째, 세 번째, 네 번째, 다섯 번째 추첨까지 모두 다시 추첨 대상이 된다는 것이다. 이 말은 곧 첫 번째 추첨 시간 내 응모한 고객은 다섯 번의 당첨 기회를 가진 반면 다섯 번째 추첨 시간 내 응모한 사람은 한 번의 당첨 기회를 가진다는 뜻이다. 다섯 배 높아진 당첨 확률이면 조금은 기대해봐도 되지 않을까?

또 1차 추첨 전 응모가 당첨 확률이 높은 이유는 방송 중 시간대별 구매 고객 비중을 보면 알 수 있다. 방송 초반에는 상품 구매 전 상품에 대한 설명을 들어보려는 고객들이 많기 때문에 초반부터 구매하거나 전화번호를 남기는 고객들이 매우 적다. 그러다가 방송 중반 혹은 후반에 고민하던 고객들의 구매가 이어지는 패턴이고 홈쇼핑 방송은 어지간하면 끝날 때쯤 사려는 고객들이 가장 몰린다. 아까도 밝혔듯 방송 중 경품 추첨 대상은 누적이다. 1차 추첨 때는 대상 고객이 적어 500명 중 1명을 뽑는 것이라면 5차 추첨 때는 5,000명 중 1명, 1만 명 중 1명일 때도 있다. 내가 진행한 방송에서는 1차 추첨 때 15명 중에서 1명을 뽑은 적도 있다. 5차 추첨 때는 2만 명 중에서 1명을 뽑은 적도 있다. 이럴 때 언제 응모를 해야 당첨 확률이 높아지는지는 계산을 해보지 않아도 너무나 명확하다. 다시 한번, 경품 당첨 확률을 조금이라도 높이고 싶다면 꼭 1차 추첨 시간에 응모하자.

최근 홈쇼핑 경품에 대해 의심하는 이야기들이 종종 들리는데 물론 홈쇼핑에서 마케팅 수단으로 경품을 수없이 활용하고 있지만 결코 안내한 경품이 고객에게 제대로 지급되지 않거나 내부 직원들에게 지급

된 경우는 단 한 번도 없다. 행운이란 정말 어렵게 가끔 찾아와서 행운이라 불리는 것이라 생각한다. 좋은 상품을 구매하다가 덜컥 당첨된 상품권이야말로 바로 진정한 행운이자 홈쇼핑 회사와 고객이 생각하는 최상의 기쁨이 아닐까.

가끔 홈쇼핑에 대한 뉴스와 사람들의 부정적인 반응을 보고 듣다 보면 내가 정말 악의 제국에 속한 악당인가 생각할 때가 있다. 아이러니하게도 그런 악평에도 홈쇼핑의 매출은 매년 증가하고 있으며 방송을 하겠다는 업체도 늘어나고 있다. 한 시간 동안의 흥미진진한 방송, 집에서 상품을 받아보는 편한 홈쇼핑은 앞으로도 성장할 것이다. 하지만 그 성장이 가속화되려면 사람들의 뇌리에 있는 홈쇼핑의 잘못된 이미지도 바뀌어야 한다. 물론 홈쇼핑도 뼈를 깎는 노력으로 더 개선해야 하지만 이 글을 통해 홈쇼핑에 대한 오해가 조금이라도 풀리기 바란다.

홈쇼핑의 꽃 호스트

# 그리고 방송사고

# 최전선 생방송을 지키는 전사,
# 홈쇼핑 호스트

"고객님, 이건 정말 제가 추천드려요. 딱 일주일 정도만 써보시면 이 상품이 얼마나 좋은지 바로 아실 거예요. 게다가 오늘은 더 특별한 혜택으로 가져가실 수 있는데……."

한 시간 동안 쉴 새 없이, 그렇지만 물 흐르듯 자연스러운 진행과 고객들이 거부감을 느낄 새 없는 적절한 구매 유도까지. 나같이 끼 없고 나서는 것을 두려워하는 성격의 사람은 몇 번을 다시 태어나도 도저히 할 자신이 없는 홈쇼핑의 꽃, 바로 호스트다.

나름 홈쇼핑 PD로서 방송에서 고객과 만나는 최전선에 있다고 생각하지만 직접 방송에 출연해서 시청자들을 설득하는 호스트야말로 홈쇼핑의 진정한 최전방 전사라고 할 수 있다. 호스트가 고객과 얼마나 밀접한가 하면 상품보다는 호스트를 신뢰해서 믿고 사는 고객도 있고 구매한 상품이 마음에 들지 않으면 호스트에게 책임을 묻는 고객도 있다. 한 호스트는 세탁소에 갔다가 자신이 방송한 상품을 구매하고 불만이 있던 고객을 만나 곤란한 상황을 겪은 적도 있고, 나와 술자리를 갖던 호스트는 팬을 자처하는 고객들에게 몇 차례 사진 촬영 요청을 받기도 했다.

카메라 뒤에 있는 PD 입장에서도 용감하게 얼굴과 이름을 걸고 고객들에게 열심히 상품을 팔아주는 호스트들에게 고마움을 느낄 때가 많다. 이렇게 홈쇼핑을 보는 고객들과 유일하게 TV로 얼굴을 맞대는 호스트들. 수려한 외모와 화려한 언변의 그들은 어떻게 탄생하며 카메라 안팎에서 그들의 모습은 어떨까?

먼저 어떤 사람들이 호스트를 꿈꿀까. 신입 호스트들이 인사하러 오면 나는 항상 그들에게 어떻게 호스트를 직업으로 정할 생각을 했는지 넌지시 물어본다. 주변의 권유, 기존 업무에 대한 회의, 새로운 도전 등 개개인마다 다양한 사연이 있지만 누구나 입을 모아 이야기하는 것은 방송에 나오고 싶었다는 것이다. 성격의 차이는 있을지라도 방송에 나오는 것이 좋아서 방송에 관련된 이런저런 경험을 해보다가 호스트라는 직업에 매력을 느껴 지원했다는 것이다. 호스트들과 이런 이야기를 하다 보면 정말 별별 사연이 다 나온다. 뒤에서 밝히겠지만 다들 너무 다양한 경력을 가지고 있기 때문이다.

그러면 호스트들이 입사하는 과정을 보자. 보통 신입 공채 시 홈쇼핑 회사는 호스트 지원자들에게 2년 정도의 방송 경력을 요구한다. 그래서 신입 호스트들은 말만 신입이지 리포터, 캐스터, 아나운서 등 2년 정도의 다양한 방송 경력들이 있다. 그러다 보니 종종 예전부터 TV에서 보던 분들이 호스트 지원자로 오는 경우가 있다. 그럴 때는 참 신기하기도 하고 홈쇼핑 호스트가 매력적인 직업이라는 것을 느낀다. 가끔 방송 경력이 전혀 없이 입사에 성공하는 호스트도 있는데 이것은 아주 드문 경우다.

입사하기 위해서는 회사마다 다르겠지만 자기 소개 동영상 제출, 서류전형, 면접, 카메라 테스트, 모의 상품 판매 PT 등 험난한 과정을 거쳐야 한다. 나도 몇 번 면접관으로 카메라 테스트를 참관해봤는데 아무래도 대부분의 지원자들이 홈쇼핑 경력이 없다 보니 홈쇼핑 특유의 카메라 동선이라든지 상품 판매 방식 때문에 많이 긴장하고 서툰 모습을 자주 보인다.

그래서 많은 호스트 지원자들이 '호스트 아카데미'에서 짧게는 몇 달, 길게는 몇 년을 준비한다고 한다. 실제 호스트 아카데미를 다닌 호스트들에게 물어보면 합격하는 노하우, 호스트로서의 기본 자질 등을 키우는 데 큰 도움이 되었다고 한다. 물론 이런 아카데미는 보조적인 역할일 뿐 자신의 노력이 훨씬 중요하다. 일주일 내내 홈쇼핑만 시청하기, 아르바이트로 매장에서 혹은 가판에서 장사해보기 등 신입 호스트들에게 그 과정을 들어보면 정말 대단하다는 생각만 든다.

많은 단계를 거쳐 입사에 성공하면 그 기쁨도 잠시, 그때부터 진정한 호스트가 되기 위한 처절한 수련의 시간에 들어간다. 방송에 대한 전반적인 매뉴얼 교육 등도 있지만 호스트의 교육은 대부분 도제식으로 이루어진다. 바로 방송에 투입되지 않고 선배 호스트의 스케줄을 따라다니며 호스트로서 생활과 업무를 간접 체험하고 노하우를 전수받는 방식이다. 선배들의 방송 회의를 참관하고 생방송을 모니터링하며 자신이 그 방송을 하면 어떻게 흐름을 잡아갈지, 어떤 멘트를 할지 이미지 트레이닝을 하게 된다. 선배 호스트의 방송도 실제 스튜디오에서 지켜보면서 스튜디오 분위기도 익히는데 가끔 먹방 요원, 깜짝 출연 등으로 투입되기도 한다.

그렇게 몇 달 정도 선배 호스트에게 교육을 받고 끊임없이 방송 모니터링을 하다 보면 생방송 중 쓰이는 동영상에 출연하거나 녹화 방송의 보조 호스트로 출연할 기회가 생긴다. 생방송은 아니지만 홈쇼핑 방송의 흐름이나 PD 및 스태프와의 호흡, 방송 동선 등을 파악하는 데 아주 좋은 기회다. 몇 번의 녹화 방송 경험을 하면 드디어 대망의 생방송 출연 기회가 오는데 역할이 제한된 보조 호스트라고는 해도 이 순간이 신입 호스트에게는 커리어를 통틀어 가장 긴장되는 시기다. 실수가 용납되지 않는 생방송에 투입된다는 것 자체가 굉장한 압박이 될 수밖에 없다.

개인적으로 이 시기쯤 신입 호스트들이 가장 안쓰러워 보이는데 여전히 선배 호스트 스케줄을 따라다니는 것과 동시에 조금씩 생기는 자신의 스케줄 소화 및 방송 준비를 위해 밤낮없이 회사에 머무른다. 베테랑 호스트들이야 자다가도 일어나서 할 수 있는 방송도 신입 호스트들에게는 큰 기회이자 엄청난 부담이기에 특히 생방송 준비를 위해 신입 호스트들이 쏟는 시간은 상상을 초월한다.

당일 새벽 1시 방송을 마치고 9시에 다시 출근한다든가 주말 내내 회사에 나와서 방송을 준비하는 일도 허다하다. 타이트한 스케줄을 소화하며 강행군을 하던 한 신입 호스트는 '방송 스케줄이 없는 내일'이 힘든 일상의 소소한 행복이라고 했다. 방송을 준비할 필요가 없는 날이 행복일 만큼 신입 호스트에게 방송은 큰 도전이자 부담이다.

하지만 이런 열정이 가끔은 독이 되는 경우도 있는데 유독 군기가 바짝 잡혀 있던 한 신입 호스트가 있었다. 내가 저녁과 늦은 밤 생방송을 도맡아 하던 시기에 사무실에 가면 늘 그 호스트가 홀로 끊임없이 무엇인가를 공부하고 준비하고 있었다. 여러 신입 호스트를 지켜본 입장에서 힘든 시기임을 알기에 종종 피로회복제를 건네며 격려했는데 나와 회의가 있던 어느 날 약속한 시간이 20분 넘게 지나도록 회의실에 오지 않았다. 평소에는 늘 먼저 와서 기다리던 성실한 호스트였기에 이상하다 싶어 전화도 해보고 수소문도 해봤지만 대체 어디로 사라졌는지 아는 사람이 없었다. 결국 회의를 취소한 후에야 사건의 전말이 드러났다. 이른 아침에 출근하고 늦은 밤에 퇴근하는 강행군을 한동안 한 탓에 피로가 누적된 호스트가 직원들 통화용 작은 방에서 잠시 쉰다는 것이 그만 숙면을 취해버린 것이었다. 회의 약속을 지키지 않아 화가 나기보다는 그 피곤함을 알기에 안쓰러움이 먼저 생각난 사건이었다.

이런 뼈를 깎는 노력이 생방송에 그대로 보이면 좋으련만 생방송이 주는 긴장감, 아직은 능숙하지 못한 방송 실력, 돌발 변수 등으로 신입 호스트의 생방송 실수는 거의 필연적이라고 할 수 있다. 이후 다루겠지만 홈쇼핑 방송사고에서 신입 호스트들의 지분은 상당하다. 메인 호스트와 멘트 겹치기, 방송 흐름과 상관없이 자신이 준비한 멘트 하기, 발음 꼬이기, 말 더듬기, 상품 시연 실수 등 무수한 실수는 많지만 심각한 경우가 아닌 다음에야 신입 때는 그러려니 하고 모두 관대하게 넘어가는 편이다.

오히려 실수 후 표정관리가 전혀 안 되는 신입 호스트의 모습이 방송에 재미를 더할 때도 있다. 뜨거운 음식을 의욕적으로 먹다가 뜨거움을 참지 못하고 도로 뱉는 장면, 카메라에 잡히는지 모르고 열심히 다음 멘트 연습하던 모습이 그대로 방송된 장면, 상품 시연이 제대로 되지 않자 얼음같이 굳어서 당황하던 장면 등이 실제 내 방송에서 나온 신입 호스트들의 실수인데 나는 아주 재미있어서 방송 후 그냥 격려해준 기억이 난다.

이렇게 보조 호스트로서 3년 정도 경험을 쌓으면 메인 호스트로 방송할 수 있는 기회를 잡게 되는데 이때 즈음이 호스트에게는 굉장히 가혹한 시기라고 할 수 있다. 뚜렷한 성장을 보여주지 못한 호스트는 자기 의지와 상관없이 계약이 해지되기도 하고 능력에 따라 방송 출연 횟수나 메인 호스트로 자리 잡는 시기 등이 차이가 나면서 어제까지 동료였던 동기들이 이때부터 경쟁상대로 보이게 된다.

또한 메인 호스트가 된다는 것은 한 방송의 안방마님이 된다는 뜻이다. 그만큼 자기 존재감을 뽐낼 수 있는 기회지만 동시에 방송을 자신이 이끌어나가고 매출을 해내야 하는 자리인지라 보조 호스트 때와는 비교도 할 수 없는 압박감이 크다. 고객들의 구매 욕구를 자극할 만한 기막힌 멘트도 해야 하고 상품 시연도 주도적으로 해야 하고 생방송 도중 보조 호스트나 게스트의 말실수도 정정해야 하고 고객의 질문에도 응대해야 하는 등 여간 어려운 일이 아니다. 또 혹여 방송 매출이라도 부진한 날에는 PD와 더불어 MD와 업체에 질책당하는 1, 2순위를 다투기 때문에 책임감이 막중하다.

나도 호스트들의 첫 메인 방송 이야기를 많이 듣는데 한번은 샴푸 방송 회의 도중 처음 메인 방송을 맡게 된 호스트가 의욕 넘치게 생방송 중에 머리를 감아보겠다고 했다. 열정 넘치는 호스트의 의욕을 꺾을 이유가 없어서 담당 PD는 해보자고 했다. "고객님, 제가 아예 지금 머리를 감아볼게요!"라는 멋진 멘트와 함께 머리를 감기 시작한 호스트. 고객들에게 호스트의 진솔한 모습을 보여주겠다던 기대와는 달리 시간은 걸리지, 눈은 따갑지, 머리 감는 동안 멘트 하기 힘들지, 한마디로 엉망이었다. PD도 처음에는 마음속으로 괜히 시켰다고 생각했는데 비주얼이 생명인 호스트가 거품도 다 헹궈내지 못하고 물이 뚝뚝 떨어지는 머리카락을 열심히 넘겨가며 방송하는 모습에 괜히 마음이 뭉클했다고 한다. 그와는 별개로 이후 샴푸 방송에서 머리를 감는 시연은 절대 해서는 안 될 금기가 되었다.

이렇게 경험을 쌓다 보면 방송에 능숙해지고 베테랑 호스트가 되면 자신의 능력을 발휘해 몸값을 올려 이직을 하기도 하고 여기저기서 방송 같이 하자고 찾는 스타 호스트가 되기도 한다. 어떤 호스트들은 방송인이라는 경험을 살려 강연을 하거나 인터뷰에 응하기도 하고 책을 출판하기도 한다.

그럼 호스트의 일상은 어떠할까? 물론 현직 PD인 내가 봐도 호스트들은 참 멋지다. 수려한 외모와 화려한 언변, 거기에 좋은 목소리까지. 그렇다면 그들은 사람들이 생각하는 것처럼 화려하고 멋진 삶만을 살고 있을까? 물론 나를 비롯한 일반 직원에 비해 받는 돈도 훨씬 많고 회사에서의 지위나 대접 또한 차원이 다르며 일상이 연예인과 크게 다르지 않다. 하지만 그들의 삶이 마냥 좋아 보이고 부럽다기에는 그들 역시 나름의 고충이 있다.

홈쇼핑은 대개 새벽 2시부터 6시까지를 제외한 약 20시간을 생방송으로 채운다. 그 말인즉 하루 20시간은 호스트가 필요하다는 것이다. 거기다 녹화 방송이나 사전에 제작하는 영상 출연 등까지 더하면 한정된 사람 수를 고려할 때 호스트들의 스케줄은 바쁘고 고될 수밖에 없다. 그래서 호스트는 밤낮 그리고 주말 없이 불규칙한 생활을 한다. 또한 가끔은 몰리는 스케줄 때문에 밤늦게 퇴근하고 아침 일찍 나오는 강행군을 하기도 한다. 그렇기에 호스트팀은 사무실에 자리가 있기는 하지만 대부분 사무실에서 찾아보기는 힘들다. 어디선가 회의하거나 방송 연습을 하거나 방송 시간이 늦어 휴식을 취하는 경우가 대다수다. 그리고 프리랜서이기 때문에 남는 시간에는 물론 개인적인 일을 하기도 한다.

불규칙한 생활 리듬 때문인지 호스트들은 보통 목감기나 몸살 등을 자주 앓는다. 어떨 때는 목소리가 나오지 않을 정도로 상태가 나빠서 방송을 쉬기도 하고 늦은 밤 방송 후 몸에 남아 있는 긴장감 때문에 불면증을 호소하기도 한다. 나는 10년 동안 홈쇼핑 방송을 하면서 회사에서 딱 한 번 눈물을 흘린 적이 있다. 바로 호스트와 관련된 일이다.

평소에 존경하던 호스트와 새벽 방송을 진행할 예정이었는데 그 호스트는 며칠 동안 강도 높은 스케줄을 소화하며 몸에 이상을 느끼고 있었다. 방송 1시간 전에 진행하는 방송 사전 점검 회의 때는 내가 봐도 컨디션이 매우 안 좋아 보였다. 결국 그 호스트는 방송 30분 전에 미안한데 도저히 방송을 할 수 없겠다는 말 한마디와 함께 스튜디오에서 그대로 쓰러져버렸다. 소식을 전해 듣고 급히 스튜디오로 뛰어가니 119 구급대원분들이 출동하여 호스트를 앰뷸런스로 옮기고 있었다. 그 상황에서조차 방송을 걱정하는 호스트의 모습을 보니 괜히 눈물이 나서 걱정 말라는 이야기만 반복했다.

호스트에 대한 연민과 슬픔도 잠시, 코앞으로 다가온 방송은 또 해결해야 했고 하필 새벽 방송이라 그 상품 방송을 경험해본 호스트는커녕 대기 중인 호스트도 없었다. 결국 앞 방송에 출연한 호스트가 방송이 끝나자마자 부랴부랴 투입되어 2분 정도 상품에 대한 설명을 들은 후 겨우 방송을 진행하며 무사히 마무리되었다. 이때 호스트들이 참 대단하다고 느꼈는제, 그렇게 갑작스럽게 자신이 전혀 모르는 상품 방송에 투입되었는데도 60분간 문제없이 진행했다는 것이다. 아무튼 자신의 몸이 자산인 호스트에게 건강관리는 항상 필수다.

또한 호스트는 생방송 최전선에 있기 때문에 방송 진행과 매출에 대한 부담감이 말할 수 없이 크다. 먼저 60분 동안 기승전결이 있으면서도 고객들의 구매 욕구를 자극하는 멘트를 쉴 새 없이 한다는 것 자체가 쉬운 일이 아니다. 일반적으로 호스트는 방송 전 PD와 개인적인 미팅을 통해 방송에 대한 전략과 방향을 협의한다. 상품의 어떤 점을 강조하고 그것을 위해 어떤 장치를 활용할지 등 꽤나 세세하게 협의한다. 하지만 아무리 PD와 찰떡같이 협의했다고 해도 어디까지나 방송의 큰 흐름에 대한 것이지 방송 매 분 매 초마다 어떤 멘트를 하고 어떤 행동을 할지 협의하지는 않는다. 일단 생방송 자체가 워낙 많은 변수가 존재하고 고객들의 반응이 시시각각 달라지기 때문에 미리 모든 것을 협의하는 것 자체가 불가능하다. 그렇기 때문에 생방송의 일정 시간은 한마디로 호스트의 원맨쇼로 채워야 한다. 말이 쉽지 매 분 매 초 변화하는 고객들의 반응을 찰나에 파악하여 방송의 흐름을 즉시 수정하고 때로는 돌발 변수에도 의연히 대처해야 하기 때문에 여간 어려운 일이 아니다. 방송 후 사람들이 말하는 "오늘 방송 좋았어요."는 결국 호스트의 진행과 멘트가 좋았다는 뜻이다. 그래서 오늘도 호스트들은 어떻게 하면 인상적인 방송을 할 수 있을까 고민한다.

그리고 수많은 호스트 사이에서 자신만의 방송 진행 스타일을 만드는 것도 중요한데 사실상 이것이 호스트로서 성공 여부를 결정짓는 가장 중요한 기준이 된다. 매년 새로운 호스트들이 발굴되고 방송에 투입되어 진행을 한다. 방송 하나하나가 자신의 밥그릇이자 평가 대상인 호스트로서는 빠른 시간 내에 자신만의 방송 스타일을 구축하지 못하면 굉장히 서글픈 처지에 놓일 수 있다. 철저히 경쟁하며 냉정한 평가를 받기 때문에 방송 진행을 잘하는 호스트일수록 좋은 상품과 좋은 시간대의 방송에 투입되어 또다시 자신의 능력을 뽐낼 수 있는 좋은 기회를 가져간다. 자신의 방송 스타일이 명확하지 않거나 그저 그런 방송 진행 능력을 가지고 있다고 판단되면 사람들이 곤히 잠든 새벽 시간 방송만 하다가 쓸쓸히 은퇴할 수도 있다. 이렇듯 다양한 상품을 방송하면서 상품에 어울리면서도 자신만의 스타일을 보여준다는 것이 결코 쉬운 일이 아니다.

또한 호스트에게 지워진 방송 상품에 대한 매출의 부담감 역시 크다. 방송이 대박 나면 스포트라이트를 차지하는 것은 호스트지만 방송 매출이 부진하면 가장 먼저 비판받는 대상 역시 호스트다. 협력사나 MD도 매출이 부진하면 가장 먼저 호스트 교체를 요구한다. PD가 가장 곤란할 때가 MD가 호스트 교체를 요구할 때인데 일단 MD의 그런 요구가 공감도 되지 않을뿐더러 호스트에게 솔직하게 말하자니 호스트가 자존심 상할 테고 협력사나 MD의 요구를 무시하자니 부담되고 중간에서 아주 죽을 맛이다.

한번은 MD가 업체의 요구라며 호스트 교체를 요구했는데 내가 호스트에게 미처 양해를 구하지 못하고 일이 진행되어 아주 곤란한 적이 있다. 호스트는 자기 상품이라고 생각하여 애착을 가지고 있었는데 단순히 매출이 부진했다고, 하물며 그게 호스트의 잘못인지 아닌지 명확하지도 않은 상태에서 통보도 없이 방송에서 하차하게 되자 무척 슬퍼했고 그 MD 방송은 다시는 하고 싶지 않다고 내 앞에서 펑펑 울었다. 이 정도로 호스트에게 매출은 냉정한 기준이 된다.

지금 이 순간도 호스트들은 고객들에게 좋은 상품을 팔기 위해 열심히 방송을 하고 있다. 분명 마음속으로 이 좋은 상품이 나의 방송을 통해 많은 고객들에게 알려지면 좋겠다는 사명감이 가득 차 있을 것이다. 일부 사람들은 호스트가 단순히 상품을 팔기 위해 지나치게 자극적이고 때로는 과장된 멘트를 많이 한다고 생각한다. 물론 절대 그렇지 않다고 말할 수는 없다. 다만 일부의 편견처럼 호스트가 사기꾼과 비슷한 평가를 받는 것은 그들이 노력하는 모습을 누구보다 곁에서 보는 PD 입장에서는 절대 그렇지 않다며 열심히 옹호해주고 싶다. 오늘도 홈쇼핑 호스트들은 60분 동안 고객들에게 친절히 설명하기 위해 노력 또 노력하고 있다.

# 잊고 싶은 흑역사
# 방송사고

방송의 최전선을 지키는 호스트의 인간적인 면모를 볼 수 있는 기회가 있는데 바로 방송사고다. 생방송은 이 순간 생생한 이야기를 전달할 수 있다는 장점은 있지만 돌발 변수가 늘 존재한다는 단점이 있다. 생방송으로 진행하는 홈쇼핑 방송 역시 이것을 피해 갈 수가 없고 그래서 종종 방송사고가 일어난다.

폭소를 자아내는 방송사고부터 아찔한 방송사고까지 다양한 홈쇼핑 방송사고는 유튜브 등에서 방송사고 모음이 존재할 정도로 시청자들의 관심을 끌기도 한다. 그리고 그런 홈쇼핑 방송사고의 지분 대부분을 출연자인 호스트가 차지하고 있어 어떤 호스트에게는 평생 재미있는 꼬리표로 혹은 잊고 싶은 흑역사로 따라다닌다.

홈쇼핑 PD로 방송하면서 수많은 방송사고를 목격했고 수습하느라 진땀을 흘렸으며 호스트들의 기가 막힌 상황 대처에 놀라기도 했다. 아직도 기억이 생생한 홈쇼핑 방송사고가 너무나 많아서 하나하나 차근차근 이야기해보려 한다.

한번은 남자 정장 바지 방송을 하고 있었다. 방송이 끝나지 않았는데 할당된 목표를 이미 달성했을 정도로 매출이 좋아 호스트도 나도 기분이 좋았고, 호스트가 원하는 대로 마음껏 해도 좋다는 분위기였다. 마침 한 고객이 원단과 디자인을 자세하게 보고 싶다고 요청해서 호스트가 입은 바지를 카메라로 타이트하게 잡아 보여주는데 이게 웬걸, 호스트 바지의 지퍼가 아주 활짝 열려 있는 게 아닌가. 호스트도, 카메라 감독도, 코디도, 나도 왜 그걸 방송이 끝나가는 그때서야 발견했는지 정말 아직도 그 이유를 모르겠다. 아슬아슬하게 열려 있는 남대문을 보고 카메라도 황급히 빠지며 수습하려 했지만 한번 시청자들과 스태프들의 눈길을 사로잡은 그곳은 계속해서 집중 조명을 받았고, 내가 다급히 멘트를 끊으려고 했지만 오래간만에 좋은 매출을 달성하여 신이 난 호스트의 멘트는 쉽사리 정리되지 않았다.

모니터를 통해 자신의 바지를 보고 상황을 파악한 호스트가 자연스럽게 손으로 그곳을 슬쩍 가렸는데 그 포즈가 오히려 더 이상해서 폭소를 자아냈다. 하필 내가 아직 풋내기 PD일 때라 수습하는 데 시간이 걸려 호스트가 방송 중인데도 "PD님, 제발 화면 좀 넘겨주세요. 저 바지 좀 다시 입을게요."라고 애원하던 모습이 아직도 잊히지 않는다. 지금도 그 호스트는 재미 삼아 노출증 호스트로 놀림당하고 있다.

식품 방송은 무엇보다 고객들이 먹고 싶은 마음이 들어 구매하도록 해야 한다. 그래서 호스트가 맛있게 먹는 모습이 매우 중요하다. 하루는 김치 방송을 하는데 평소에도 의욕이 매우 넘치는 신입 호스트가 들어왔다. 당시 쌀쌀한 날씨에 보글보글 끓고 있는 김치 칼국수를 준비했고 대망의 호스트 시식 순간, 딱 봐도 너무 뜨거워 보이는 칼국수를 하필 메인 호스트가 다소 넉넉히 퍼줬다. 노련한 호스트들은 음식이 뜨거워 보이면 먹기 전 멘트를 하면서 음식이 식을 시간을 버는데 의욕이 넘치던 이 신입 호스트는 뜨겁고 말고를 크게 신경 쓰지 않았다. 식힐 틈도 없이 거침없이 칼국수를 입속으로 밀어 넣던 신입 호스트는 외마디 기침과 함께 입속에 있던 모든 내용물을 뱉었고 눈물을 글썽이며 "아, 죄송합니다, 고객님. 너무 뜨거워서……."라는 말을 연발하며 스튜디오를 웃음바다로 만들었다. 문제는 이 모습을 본 베테랑 메인 호스트마저도 웃음을 참을 수 없는 상황이 되어 한동안 방송이 진행되지 않았다는 점이다. 뜨거워서 어쩔 줄 모르는 신입 호스트와 필사적으로 웃음을 참으며 어떻게든 방송을 이어가려는 메인 호스트의 처절한 모습이 정말 재미있었다. 참고로 이 방송사고는 현재 유튜브에서 볼 수 있다.

홈쇼핑 방송사고의 대다수가 상품 시연을 하다가 발생한다. 아무래도 방송에서 놀라운 모습을 많이 보여줘야 시청자들의 상품에 대한 관심도가 높아지기 때문에 과하지 않으면서도 눈길을 끄는 방송 시연은 홈쇼핑에서 필수다. 대부분 수많은 연습과 시행착오를 거친 후에 방송에 선보이기 때문에 거의 실수가 없지만 꼭 한 번씩 예상치 못한 돌발변수로 시연이 실패하는 경우가 생겨서 그것이 바로 방송사고로 이어진다.

진공밀폐상태가 유지되어 음식이 맛있어지고 보관도 오래 할 수 있는 것으로 유명한 냄비가 있다. 이 냄비를 생산하는 업체는 관계자분이 직접 방송에 출연하여 방송 관계자들이 걱정할 정도로 임팩트 있고 강한 시연을 자주 하기로 유명하다. 냄비 뚜껑을 닫고 가열하기만 하면 진공밀폐상태가 유지되어 뚜껑이 절대 열리지 않는다는 것을 보여주기 위해 보통 김치찌개가 가득 담긴 냄비를 물속에 넣기, 뒤집어서 흔들기, 테이블에 던지기 등을 세트로 시연했다.

문제의 생방송에서는 물속에 넣기, 뒤집어서 흔들기까지는 문제없이 진행되었는데 성공적인 시연에 고무된 협력사 관계자분이 다소 강하게 냄비를 던져버렸다. '오늘은 좀 더 강한데……'라고 생각하는 순간 냄비는 뚜껑이 열리며 모든 내용물을 토해냈고 갑작스러운 방송사고에 PD도 카메라 감독도 순간 아무 대처를 하지 못했다. 너무 세게 던져 밸브가 열려버렸다는 다소 궁색한 멘트로 넘어가긴 했지만 방송 후 협력사 관계자는 실패의 충격에서 벗어나지 못했다는 소문이 홈쇼핑 업계에서 한동안 들려왔다. 이 방송사고 역시 유튜브에서 홈쇼핑 방송사고 대표 영상으로 찾아볼 수 있다.

강한 연출이 방송사고로 이어진 사례는 또 있다. 충격을 흡수하는 고밀도 소재로 만든 베개를 판매하는 방송에서 소재를 강조하기 위해 달걀을 베개 위에 올려두고 베개를 말아 주먹으로 쿵쿵 치는 시연을 했다. 온갖 신기하고 강한 시연에 단련된 나조차도 이 시연을 보고 놀랐는데 심지어 방송 회의 때는 협력사 직원분이 베갯속에 달걀을 넣고 김

밥 말듯이 굴려도 멀쩡한 것을 보고 정말 대단하다고 느꼈다. 그래도 만약을 위해 몇 번이나 테스트를 해봤고 그때마다 강철로 만든 것처럼 멀쩡한 달걀은 우리 모두를 희망에 부풀게 했다.

대망의 생방송, 호스트의 "고객님, 진짜 여기서부터는 눈 크게 뜨고 보세요. 정말 마술이 펼쳐집니다." 같은 비장한 멘트와 함께 달걀을 베개 위에 올렸는데 그 위치가 테스트 때와 달리 뭔가 이상하다는 느낌이 들었고 호스트가 강하게 주먹으로 베개를 치는 순간 달걀이 깨지는 소리까지 들은 것 같았다. 열심히 치느라 전혀 상황 파악을 하지 못한 호스트가 한껏 긴장감을 조성하면서 베개를 펼친 순간, 아니나 다를까 달걀은 박살이 나 있었다. 당황한 호스트가 "달걀이 오래되었나 봐요." 등의 멘트로 수습했지만 깨진 달걀이 원상 복구될 리가 없다. 그날 실패한 시연만큼 매출 역시 큰 실패를 맛보았다.

또 한번은 특수 유리로 제작하여 강도가 대단한 것으로 유명한 접시 브랜드 방송이 있었다. 늘 접시의 강도를 보여주기 위해 호스트가 바닥에 접시를 던지면 접시가 깨지지 않고 그저 데구루루 구르는 극적인 모습을 연출하는 시연을 했다. 워낙 오랫동안 방송해온 브랜드고 지금까지 단 한 번도 실패한 적이 없기 때문에 크게 걱정하지 않는 시연이었다.

문제의 방송에서 호스트가 늘 하듯이 접시를 던졌고 접시는 늘 그랬듯 멋지게 충격을 버텨주었다. 여기서 끝냈으면 좋으련만 시연 성공에 고무된 호스트가 "늘 한 번만 하니까 고객분들이 못 믿으시죠? 오늘은 특별히 두 번 던져볼게요!"라는 멘트와 함께 다시 한번 던졌는데 정

말 세상에 그런 박살이 없을 만큼 접시가 와장창 깨졌다. 너무도 예상치 못한 상황에 모두가 어리둥절해했고 호스트는 급히 이 접시가 방송 시작부터 금이 좀 가 있어서 안 그래도 불안했다며 다음부터 새 접시를 가지고 오겠다고 너스레를 떨며 수습했다.

호스트의 실수만이 방송사고의 원인은 아니다. 대개 식품 방송을 할 때는 맛있는 요리들이 준비되어 있다 보니 직원들이 생방송 중에 스튜디오로 와서 몰래 조금씩 먹고 가기도 하고, 하도 그런 경우가 많다 보니 요리사분들이 직원들 시식용으로 따로 조금 만들어주시기도 한다. 어느 날 내가 오리고기 방송을 하던 중 스튜디오 구석에서 후배 PD 몇몇이 여느 때처럼 도둑 시식을 하고 있었고 카메라 감독이 나에게 장난삼아 저 친구들 음식 훔쳐 먹는다며 그 모습을 예비 카메라로 잡아서 보여줬는데 내가 생방송 진행 도중 실수로 그 카메라로 컷을 넘겨버렸다. 정갈하기 그지없던 생방송 화면에 갑자기 어두운 곳에서 직원 몇몇이 정리되지 않은 테이블에서 게걸스럽게 오리고기를 먹는 모습이 그대로 나갔고, 당황한 나는 다른 컷을 열심히 찾고 당황한 그 친구들도 화면 밖으로 나가려다 넘어지고 테이블을 엎는 등 웃지 못할 대형 방송사고가 나버렸다. 그 엉망진창인 모습이 생방송에 아주 제대로 나와버려서 이 사건 이후 회사의 지침으로 생방송 중 직원들의 시식이 금지되었다.

여기까지는 너그러이 웃고 넘어갈 수 있는 방송사고지만 심각한 방송사고들도 많다. 대체로 방송의 퀄리티나 회사의 매출에 영향을 미칠 만한 방송사고들인데 호스트의 마이크 고장으로 인한 오디오 미송출, 정전으로 인한 블랙 화면 송출, 자막 등의 오류로 고객들에게 잘못된 정보나 가격이 안내된 경우, PD 혹은 호스트의 지각으로 인한 대체 인력 투입 등이 그런 경우다. 이런 경우는 하나도 빠지지 않고 경영진에 보고되어 관계자들은 강한 질책을 받고 심한 경우 징계를 받기도 한다. 나는 고가의 상품 방송 중 실수로 가격을 실제 가격보다 낮게 안내하는 바람에 회사가 한바탕 뒤집어진 적이 있다. 자주 있는 일은 아니지만 호스트도 PD도 긴장이 풀리고 방송이 익숙해질 때쯤 꼭 한 번씩 터지는 이런 방송사고들 때문에 늘 긴장하며 방송을 준비한다.

지금 글을 쓰고 있는 이 순간에도 홈쇼핑 방송에서는 크고 작은 방송사고들이 일어나고 있다. 위에서 밝혔듯 방송의 품위나 매출에 문제가 될 정도로 심각한 방송사고가 아니면 생방송임을 고려해서 다들 웃고 넘어가는 편이다. 나 역시 방송 진행을 하며 웃음을 참을 수 없는 방송사고부터 식은땀이 나는 방송사고까지 두루 경험해보았지만 생방송 나름의 묘미라 생각하며 지나간다. 가끔은 본방송보다는 방송사고가 시청자들에게 더 기억에 남고 재미있을 수도 있는데 방송사고가 없는 홈쇼핑은 어쩌면 너무 인간미 없는 방송일지도 모르겠다. 사람 사는 곳인데 가끔 방송사고도 나고 하는 거지 뭐!

한 땀 한 땀 장인 정신으로!

# 방송에 울고 웃는 PD들

# 무알코올 맥주로 만취하고 싶은 사람들

홈쇼핑 PD 입장에서 홈쇼핑 방송 60분은 한마디로 모든 것을 쏟아내는 전쟁터다. 실제로 방송이 끝난 직후 다리에 힘이 풀린 적도 있고 목이 다 쉰 적도 있다. 쉴 새 없이 몰아치며 시청자들을 유혹하는 홈쇼핑 방송은 어떻게 만들어질까? 내가 진행한 수많은 방송 중 가장 기억에 남는 방송 하나를 예로 들어보겠다.

아직 신입 티를 크게 벗어나지 못한 시기의 어느 날 갑자기 무알코올 맥주를 런칭하라는 지시를 받았다. 애주가 입장에서는 다소 당황스런 상품이었지만 홈쇼핑 PD가 상품을 고른다거나 거부할 권한은 없기에 방송 준비에 들어갔다. 홈쇼핑이 처음인 협력사와 생소한 아이템에 자신 없어하는 MD를 다독이며 1차 미팅을 진행했다. 나도 무알코올 맥주는 생전 처음이라 일단 상품에 대한 정보를 묵묵히 들으며 대체 이

놈을 어떻게 팔아야 할지 고민하기 시작했다. 1차 회의가 끝난 후 우리의 결론은 하나였다.

"망했다."

술을 좋아하는 사람들은 굳이 무알코올 맥주를 사지 않을 테고 술을 좋아하지 않는 사람들 역시 무알코올 맥주에는 관심이 없을 텐데……. 대체 누구한테 팔지? 서로 "허허 이것 참……" 하며 한숨만 쉬다 미팅은 끝났다. 다행히 상품 자체는 정말 맥주와 유사한 맛과 풍미를 지닌 훌륭한 상품이었으나 상품이 백날 좋아본들 누구에게 팔지 답이 안 보이는 것만큼 위험한 상품은 없다.

협력사와 MD가 상품에 대한 정보를 넘긴 순간부터 숙제는 온전히 PD의 몫이다. 어떤 콘셉트로 팔지, 스튜디오는 어떻게 꾸밀지, 어떤 호스트에게 어떤 멘트를 요청할지, 시청자들에게 보여주는 자막은 어떤 내용으로 쓸지 등 협력사와 MD에게 조언을 구할 수는 있지만 결정권과 책임은 모두 PD에게 있다. 무알코올 맥주를 몇 캔씩 마셔대며 머리를 싸매고 공부한 끝에 술은 못 마시지만 술자리에서 어색하지 않게 어울리고 싶은 사람들, 그리고 술을 너무 마시고 싶은데 운전이나 임신 등 피치 못할 사정으로 그나마 술과 비슷한 맛이라도 즐기고 싶은 사람들이 '종종' 무알코올 맥주를 찾는다는 사실을 알아냈다.

백사장의 모래 한 줌 정도이긴 하지만 수요가 있다는 것을 발견했고 타깃을 정했으니 한 시간 방송을 어떻게 채워넣을지 고민할 차례. 어찌 되었든 술에 관련된 방송이라 그런지 역시나 애주가로 소문난 호스트가 추가된 2차 미팅 때 이런 무알코올 맥주가 필요한 상황을 사전 촬영해서 방송에 활용하자는 아이디어가 나왔다. 그런데 그런 상황을 인위적으로 연출해서 찍으려니 너무나도 홈쇼핑스러운 결과물이 예상되었고 술자리 특유의 흥겨운 분위기를 억지로 연출하기도 힘들 것이라는 판단을 내렸다.

촬영 대상과 방법을 고민하던 중 나에게 한 줄기 빛이 찾아왔다. 그때만 하더라도 졸업한 선배들이 대학 후배들과 교류가 종종 있었고, 때마침 대학 축제 시즌에 후배에게 놀러 오라는 연락을 받았는데 번뜩 아이디어가 하나 떠올랐다. 당장 후배에게 전화를 걸었다.

"이번에도 주점 하지? 후배들 다 술 잘 마시는 건 아닐 텐데 그런 친구들은 그냥 물 마시냐?"

"네, 그런데 분위기 얼큰해지면 주변에서 억지로 술 권하기도 하고 그래요. 술게임도 하고 그러다 보면 어쩔 수 없이 마시게 될 때도 있고요. 요새 교내에서 술을 못 마시게 하니까 더더욱 이 기회에 흥청망청 놀려고 하기도 하고 그래요. 사고만 안 나길 빌고 있죠 뭐."

이거다 싶은 생각에 무알코올 맥주를 몇 박스 협찬해줄 테니 우리 과 후배들 노는 모습을 촬영하자 했더니 의외로 흔쾌히 좋다는 답변이 돌아왔다. 축제 당일 카메라 감독과 호스트 한 명 그리고 나 이렇게 셋이서 무알코올 맥주를 잔뜩 싸들고 학교를 방문했고, 과 주점에 아예 메뉴로 무알코올 맥주를 추가했다. 물론 무료로!

네댓 명씩 무리 지어 주점을 찾는 후배들 중에는 꼭 한 명 정도 술을 못 마시거나 좋아하지 않는 사람이 있었고, 늘 그렇듯 물이나 음료를 찾다가 무알코올 맥주가 있는 걸 보더니 하나둘씩 호기심에 혹은 공짜니까 주문을 하기 시작했다.

각자 취향에 따라 술과 무알코올 맥주를 마시며 즐겁게 시간을 보내는 모습이 내가 봐도 그럴듯해 보였고, 무알코올 맥주를 그것도 무료로 마실 수 있다는 소문이 퍼져 다른 과는 물론 타학교 학생들까지 주점을 방문해 웨이팅이 생길 만큼 우리 과 주점은 그야말로 인산인해를 이루었다. 술을 즐기는 자도 그렇지 않은 자도 모두 즐겁게 술자리를 갖는 모습을 넘치도록 촬영할 수 있었고, 미모와 친화력을 두루 갖춘 호스트의 노련한 진행으로 사정상 늘 물과 음료를 찾아 민망했는데 무알코올 맥주로 나름 분위기를 맞출 수 있어 좋다, 알코올 맛이 너무 싫어서 술을 멀리했는데 이건 풍미가 좋고 술 마시는 기분을 낼 수 있다, 실수로 맥주와 무알코올 맥주를 번갈아 먹었는데 어느 게 진짜 술인지 정말 모르겠다 등 실제 마셔본 학생들의 주옥같은 인터뷰까지 확보할 수 있었다.

"어떤 상황에서도 취할 걱정 없이 술 마시는 분위기와 기분을 낼 수 있다!"

이날 촬영 후 이것이 우리 방송의 콘셉트가 되었고 처음 상품을 받아보고 어떻게 풀어갈지 막막하던 호스트의 멘트와 시청자들의 이해를 도울 자막의 흐름을 비로소 정할 수 있었다. 이제 스튜디오를 꾸밀 차례. 방송 내내 호스트가 상품과 함께 앉아서 주야장천 마셔보며 맛은 술과 똑같아요, 맛있는데 취하지 않아요 등을 반복하면 나라도 방송을 보기 싫을 것 같아서 새로운 상품에 걸맞게 스튜디오를 어떻게 연출할지 고민했다.

당시에는 하루에도 한두 번씩 무알코올 맥주를 검색해보며 상품에 대해 고민하던 시기인데, 어느 날 SNS에서 "클럽에서 무알코올 맥주를 마시며 남들보다 더 취한 것처럼 노는 역시 나란 X"라는 글을 보고 문득 스튜디오를 클럽처럼 꾸민다면 어떨까 하는 다소 무모한 생각을 하게 되었다. 홈쇼핑 역사상 그런 적이 없기에 세트 감독은 만들어주기는 하는데 어떤 퀄리티로 나올지 책임은 못 진다며 난감해했고 나 역시 방송의 품위를 해치지 않는 선에서 적당히 타협했다. 또한 클럽의 느낌을 내기 위해 모델을 몇 명 섭외해 스튜디오 배경에서 자유롭게 춤을 추며 무알코올 맥주를 즐겨달라고 요청했다.

막막하게 보이던 상품의 준비가 너무 순조로운 탓이었을까? 대망의 방송 당일 오전. 호스트에게서 집에서 미끄러져 팔이 부러졌다는 청천벽력 같은 연락을 받았다. 한 달이 넘게 콘셉트를 공유하고 방송을 준비해온 호스트가 방송 당일 아웃이라니. 협력사와 협의한 편성을 마음대로 빼거나 미룰 수도 없고 결국 방송이 8시간도 남지 않은 상황에서 대체 호스트가 긴급히 투입되었다. 허둥지둥 회사에 출근한 호스트에게 대략적으로 콘셉트와 방송 전략을 전달하는데 그 노련한 호스트도 긴장하는 모습을 보이며 나를 더 초조하게 만들었다.

나를 더 긴장시킨 건 홈쇼핑에서는 해본 적이 없는 상품이고 아무래도 성공하기보다는 실패할 확률이 크다고 판단하여, 그것도 심지어 아주 크게 실패할 것이라 예상하여 매출이 심각하게 부진할 경우 바로 끊고 다른 프로그램으로 넘기겠다고 한 편성 담당 팀의 공지 메일이었다. 중요한 방송 전에 힘을 주지는 못할망정!

그렇게 많은 사람들의 걱정과 우려 속에 방송은 시작되었고, 번쩍이는 조명과 춤추는 사람들을 배경으로 호스트의 우렁찬 멘트가 TV를 통해 시청자들에게 전달되었다.

"여러분 혹시 채널을 잘못 들어왔다고 의심하셨나요? 아닙니다! 홈쇼핑 방송에 제대로 찾아오셨습니다! 그런데 제가 지금 손에 들고 있는 게 무엇일까요? 혹시 저 호스트가 잠깐 정신이 나가서 술을 마시면서 방송을 하나 하시는 분들이 계실 거예요. 어떻게 호스트가 음주방송을 하냐 놀라시는 분들이 많을 텐데요! 그런데 이건 진짜 술이 아닙니다! 저희가 이렇게 신나게 춤을 추면서 시원하게 마시고 있는 이것은 바로 무알코올 맥주입니다! 홈쇼핑에서 이런 장면 상상이나 해보셨을까요?"

이때부터 홈쇼핑의 진정한 묘미가 시작된다. 홈쇼핑 PD의 가장 필요한 능력이자 재미이자 힘든 점 중 하나인 생방송 진행과 변수 대처가 빛을 발해야 하는 시간. 처음 보는 상품에 정말 알코올이 하나도 안 들어가 있나, 맛은 어떠냐, 마시면서 운전해도 되냐 등 고객들의 질문이 쏟아졌고 고객 대응팀과 MD, 협력사가 덩달아 바빠졌다. 첫 설명이 끝나고 미리 준비한 대학 축제 영상이 나갈 때쯤 주문이 예상을 뛰어넘어 몰려오기 시작했다. 한 달간 고민하며 준비한 방송이 빛을 발하는 순간이었다.

호스트도 덩달아 신이 나고 목소리가 커지는 가운데 작은 해프닝도 발생했다. 평소에도 클럽을 즐기는지 다소 과하게 흥에 취해 있던 모델 한 명이 열심히 춤을 추다가 넘어진 것이다. 평소 같으면 웃고 넘어갈

일이지만 혹여나 시청자들의 눈에 술에 취해서 넘어진 것으로 오해받을까 봐 굉장히 조마조마하던 기억이 난다.

중간중간 남은 수량을 체크하던 MD가 방송 시작 25분 만에 남은 수량이 거의 없다는 연락을 해왔고 30분 만에 준비한 수량이 모두 팔려 매진을 알리고 방송을 끝냈다. 한 방송을 성공적으로 끝냈다는 성취감과 모두가 걱정하던 상품을 보란 듯이 잘 팔았다는 쾌감이 몰려와 그날은 쉽사리 퇴근하지 못하고 관계자들과 밤늦게까지 술잔을 기울이며 우리의 성공을 자축했다.

이 완벽한 스토리의 한 가지 흠이라면 홈쇼핑에 대해 잘 모르던 협력사가 이 한 번의 성공에 취해 우리와의 계약과 의리를 저버리고 바로 경쟁사로 가버린 것이다. 몸값이 올랐을 때 제일 잘 쳐주는 곳으로 가

는 게 맞긴 하지만, 단 한 번의 성공으로 미래를 예단하고 우리를 저버
린 협력사는 마치 정의구현이라도 당하듯 실패에 실패를 거듭하다가
홈쇼핑 시장에서 사라졌다. 홈쇼핑에 적응하고 매출이 안정화될 때까
지 우리와 꾸준히 방송했으면 어땠을까 하는 아쉬움이 남는다.

# 홈쇼핑의 정설을
# 보기 좋게 깨버린 샤기 카페트

정성을 들인 방송은 반드시 빛을 발하게 되는데 개인적으로 지금까지 방송 중 가장 성공한 상품이 뭐냐고 묻는다면 나는 1초도 망설이지 않고 '샤기 카페트'라고 말한다. 나를 이 업계에서 나름 인정받게 해준 아이템이자 구성 협의 단계부터 내 의견을 낸 아이템이라 애착이 간다.

홈쇼핑도 어느새 20년이 넘는 역사가 있고 수많은 방송을 통해 나온 결과들의 산물로 굳어진 정설이라는 것이 있다. 여러 정설 중 하나가 바로 '카페트는 홈쇼핑에 맞지 않다'인데 유독 카페트는 홈쇼핑의 문을 두드릴 때마다 처절한 실패를 맛보았다. 나 역시 몇몇 카페트 브랜드가 심지어 그중에는 유명 브랜드도 있는데 부진한 방송 몇 번 후 조용히 사라지는 것을 많이 보았다. 그래서 간절기 한 달 정도를 제외하고는 카페트 방송이 거의 없는 상황에서 홈쇼핑을 한 번도 경험해보지 않은 한 카페트 회사가 여러 곳에서 판매 어려움을 겪다가 최후의 판매처로 홈쇼핑을 선택하여 방송을 해보겠다고 나섰다. 걱정되는 마음에 카페트 회사 대표님에게 늘 카페트는 매출이 좋지 않았다, 이번에도 쉽지는 않을 것이라고 몇 번을 말씀드렸지만 대표님은 이번이 마지막 기회라 생각한다며 굳은 결심을 내비쳤다.

실제 판매할 샤기 카페트 샘플이 나온 날, 생각보다 우수한 품질에 일단 안심이 되었고 MD와 협력사가 협의한 판매 가격 역시 나쁘지 않았다. 지금까지의 실패를 뒤따르지 않기 위해 가격 대비 품질이 매우 뛰어났지만 소위 말하는 '엣지'가 없는 카페트를 홈쇼핑스럽게 바꾸는 작업이 두 달 넘게 진행되었다. 대표님이 자신 있어하는 샤기의 우수함을 강조하기 위한 많은 영상물들, 백화점에서 실제 인기리에 판매되고 있음을 증명하는 각종 자료들을 준비했고, 대략 홈쇼핑 방송의 틀이 완성될 때쯤 대표님이 기가 막힌 제안을 했다. 진짜 고객들의 구미를 제대로 당기고 싶다며 홈쇼핑에서 보지 못한 고급 방석 세트를 추가로 증정하겠다는 것이었다.

두 명이 앉아도 될 법한 큰 사이즈와 어디든 활용할 수 있는 작은 사이즈, 게다가 고급 카페나 인테리어 숍에서나 볼 법한, 카페트와 유사한 공법으로 제작한 샤기 방석은 분명 고객들에게 큰 구매 요인이 될 법했다. 집에 일주일 정도 두었을 때 강아지가 내려온 줄 모를 만큼 감촉 역시 뛰어난 이 방석이 우리 방송의 매출의 키라고 나 역시 생각했다. 그런데 이 방석이 방송에 큰 위협이 될 줄이야.

런칭 방송이 다가올 때쯤 큰 문제가 하나 생겼다. 고객이 자신의 집

크기에 맞게 선택할 수 있도록 카페트 사이즈에 차이를 두고 판매 가격 역시 차이를 두었는데, 카페트 회사에서 야심차게 준비한 고급 방석 세트가 말 그대로 너무 고급으로 생산되는 바람에 가장 저렴한 사이즈 카페트에도 이 방석을 제공할 경우 마진 측면에서 마이너스가 나버리게 된 것이다. 나는 원래 계획대로 전 사이즈에 추가 구성을 제공해야 한다는 입장이었고, 협력사 대표님은 가장 작은 사이즈에는 추가 구성을 빼서 마진을 맞춰야 한다는 입장이었다.

지금은 지나간 일이라 웃으며 이야기할 수 있지만 당시에는 의견 대립이 팽팽해서 회의 도중 대표님이 회의실에서 나갈 만큼 서로의 입장이 강경했다. 논의 끝에 방송에서 가장 작은 사이즈는 자주 보여주지 않고 소위 말하는 '밀어주기'를 하지 않는다는 조건으로 전 사이즈에 방석 세트를 제공하는 것으로 협의가 되었다. 사실 결국에는 내 의견을 관철한 거라 매출이 안 나오면 정말 대표님 뵐 낯도 없고 나의 PD로서의 안목에도 의문을 품게 될 배수진 같은 방송이었다.

대망의 런칭 방송날, 대표님은 스튜디오를 예쁘게 꾸미고 싶다며 백화점 매장에 인테리어해둔 고급 소품들까지 총동원했고 나 역시 오랜만의 카페트 방송을 위해 카메라 동선 체크 및 호스트 리허설을 긴장감 속에 진행했다. 호스트의 첫 설명 후 놀랍게도 컬러와 사이즈를 가릴 것 없이 주문이 쇄도했고 방송을 시작한 지 30분 만에 컬러별, 사이즈별로 매진되기 시작하면서 결국 가장 작은 사이즈 카페트 몇 개를 제외하고는 모두 판매되었다. 홈쇼핑에서 카페트는 늘 실패한다는 정설을 보기 좋게 깨버리고 많은 이들의 우려를 날려버린 것이다. 그때까지만 해도 나에게 조금 서운한 마음을 품고 있던 대표님은 방송 직후 모든 직원에게 고마움을 표하며 기쁨을 감추지 못했다.

런칭 방송의 큰 성공 이후 이 카페트는 시즌 내내 좋은 품질과 유례없는 고급 방석 세트로 꾸준한 매출을 기록했고, 몇 번의 방송만으로 홈쇼핑 20여 년 역사에 존재하던 카페트 판매 기록을 모두 갈아치워 일명 '괴물 카페트'로 불리게 되었다. 마진을 걱정하던 대표님은 방송으로 기사회생했으며 나 역시 어려운 상품을 성공시킨 PD로 인정받았으니 이런 소중한 아이템이 어디 있을까. 이 카페트의 대성공으로 여기저기서 '샤기 카페트 + 방석' 조합의 많은 아이템이 나타났지만 그 누구도 원조만큼의 재미를 보지 못했다.

누군가 나에게 10년 동안 홈쇼핑 PD로 일하는 원동력이 무엇이냐고 묻는다면 이런 보람과 재미 때문이라고 말할 것이다. 이처럼 수없이 많은 신상품을 매번 시청자들에게 선보이지만 늘 성공한 것은 아니다. 사실 홈쇼핑은 방송 상품에 대해 매우 가혹하다. 한 상품이 방송을 통해 고객을 만나기 위해서는 수많은 검증과 테스트를 거쳐야 한다. 그럼에도 업계에서는 홈쇼핑 런칭 방송에서 성공했다고 판단할 만한 매출이 나올 확률을 10~20%로 본다. 그만큼 처음부터 고객들을 사로잡는 상품과 방송을 만들기가 쉽지 않다는 뜻이다. 나 역시 쓰라린 실패 사례가 더 많고 그만큼 기억에도 오래 남으며 회사에서도 성공 사례보다 실패 사례가 더 오래 회자된다. 회사에서는 방송마다 달성해야 하는 매출을 할당해주는데 매출 목표 달성을 100%로 봤을 때 전설적인 7%의 매출을 기록한 나의 처절한 실패 사례도 소개한다.

# 성공과 실패에는
# 나름의 공식이 있다

2010년 초반에 살인 진드기가 크게 이슈가 된 적이 있다. 살인 진드기에 물린 것으로 의심되는 환자들의 사망 소식이 심심찮게 들리고, 살인 진드기에 물리면 바로 죽는다 등의 소위 말하는 가짜 뉴스까지 더해져 전 국민이 살인 진드기에 대한 공포에 사로잡혀 있던 때였다. 매일 밤 뉴스에서는 살인 진드기의 위험성, 기피해야 할 장소, 살인 진드기 퇴치법 등을 비중 있게 다뤘고, 비정한 이야기이긴 하지만 유통업계에서는 이것을 기회로 보고 살인 진드기 관련 상품들을 발에 불이 나도록 찾고 있었다.

그러던 어느 날 한 MD가 진드기 기피제를 만드는 협력사를 어렵게 모셔왔다며 방송을 해보자고 제안했다. 전 국민의 시선이 살인 진드기로 몰려 있는 이때 진드기가 싫어하는, 특허받은 성분으로 만든 기피제를 팔면 대박이 날 거라고 설명했다. 부끄럽게도 나 역시 지금의 이슈 정도면 방송을 하면 대박이 날 것이라는 안이한 생각을 했다. 철저한 상품 연구나 디테일한 방송 준비보다는 하루라도 빨리 방송 시간을 정해서 고객들에게 상품을 보여주는 것에만 집중했다. 여러 부서에서 활용성, 브랜드, 방송 시기 등에 대해 우려하는 목소리를 내었지만 나와 MD의 귀는 이미 굳게 닫혀 있었고 경주마처럼 방송 런칭에만 정신이 팔려 있었다.

나름 준비한다고 살인 진드기가 걱정인 고객들의 인터뷰, 살인 진드기에 대한 뉴스 기사 모음, 다양한 장소에서 진드기 기피제를 사용하는 모습 등을 영상으로 만들었고, 당시의 이슈에 맞게 스튜디오도 야외 잔디밭 느낌에 텐트까지 쳐놓고 자신만만하게 방송을 시작했다. 그런데 이게 웬걸, 방송 시작 후 10분 동안 주문은 하나도 없고 고객들의 질문만 쏟아지는 것이 아닌가. 어떤 원리로 진드기가 기피하는지, 어떤 성분인지, 아이들에게도 무해한지, 효과는 어느 정도 지속되는지, 진드기를 죽일 수는 없는지, 침실에 뿌리면 침실에 있던 진드기가 거실로 도망가는 것이냐 등 예상한 질문과 예상치 못한 질문이 동시에 몰아치는데 콜센터가 주문은커녕 그 답변만으로도 정신을 차리지 못할 정도였다. 호스트 역시 상품을 설명하고 판매한다기보다는 쏟아지는 고객들의 질문에 대답하기 바빠 한마디로 방송은 엉망이 되었다.

고객 입장에서 조금만 차분히 생각을 해봤다면 살인 진드기가 무섭다면 가장 먼저 취할 수 있는 것이 최대한 야외 활동을 자제하는 등의 살인 진드기를 피하는 행동이고, 만약 진드기가 있다면 피하기보다는 확실히 죽이고 싶은 욕구가 생기리라는 것은 어떻게 보면 당연했다. 게다가 가습기 살균제 사건 이후로 성분에도 매우 관심이 많은 고객들에게 성분을 차분히 설명할 만한 준비도 하지 못했다. 그저 특허받은 성분이니 안심하고 쓰시라는 공허한 이야기만 반복하니 고객들이 설득될 리가 없었다.

우리는 외출을 자제하는 고객들에게 야외 활동을 할 사람을 위한 아이템을, 확실히 진드기를 죽이고 싶은 고객들에게 그저 기피제를, 성분이 중요한 고객들에게 성분에 대해 제대로 설명하지도 못하는 아이템을 판매한 것이다. 그저 이슈에 편승하여 잘 팔릴 거라는 안이한 생각에 대충 준비한 방송의 결과는 15분 만에 강제 종료와 매출 목표 대비 7% 달성이라는 처참한 결과였다.

이 방송으로 나는 방송을 책임지는 PD로서 큰 질책을 받았고 회사 차원에서도 살인 진드기에 관련된 일체의 방송을 중단하라는 지시가 내려왔다. 어차피 방송을 해야 한다면 살인 진드기의 위험이 있음에도 꼭 야외 활동이 필요한 사람들을 위한 맞춤 연출을 꼼꼼하게 준비했어야 한다는 아쉬움이 아직도 남아 있다.

성공에도 공식이 있듯 실패에도 공식이 있다. 가장 대표적인 실패 공식이 시즌성 상품이 급하게 들어와서 증빙자료나 영상 등 방송을 하기 위한 준비가 미진하여 방송 날짜가 차일피일 미뤄지는 경우다. 시즌이 다 끝나버렸지만 협력사와 약속이 되었기 때문에 어찌 되었건 방송은 하고 처참하게 실패한 후 사라지는 것이다. 정말 이 공식은 열이면 열 해당되는 것이라 시즌성 상품이 준비가 늦어진다는 이야기를 들으면 PD들은 애가 탄다.

대한민국에 몇 번의 혹한이 찾아와 겨울 추위에 모두가 예민하던 시절에 시베리아 거위의 털로 만든 침구세트를 런칭하겠다는 연락이 왔다. 시베리아의 혹한을 견디는 거위의 털이라니, 얼마나 따뜻할지 상상이 가는 상품이었다. 좋은 시기에 좋은 상품이라고 생각하며 준비를 서두르자고 했다. 그때가 10월이었다. '곧 닥쳐올 추운 겨울, 시베리안 구스 이불로 따뜻하게 보내세요.' 너무나 완벽한 시기와 상품이었고 열심히 준비해서 방송하면 좋은 결과가 예상되었다.

첫 미팅 때 협력사는 시베리안 구스의 훌륭한 점에 대해 열변을 토했고 앞으로 구스의 중심은 헝가리나 폴란드가 아닌 시베리아가 될 것이라고 장담했다. 한껏 감화된 나도 이번 기회에 구스 침구의 트렌드를 내 손으로 바꿔보겠다는 부푼 기대를 했고, 조금만 기다리면 샘플이 나온다는 협력사의 말을 믿고 기다렸다. 아니나 다를까 방송용으로 만든 구스 이불은 호텔에서 보던 것마냥 너무 고급스러웠고 심지어 너무너무 따뜻했다. 구스 이불만큼이나 따뜻해진 내 마음은 이미 회사에서 선정하는 연말 베스트 플레이어를 꿈꿀 정도였다.

그런데 얼마 있지 않아 원산지에 문제가 생겼다는 이야기를 들었다. 방송 시 중국산으로 표기해야 한다는 말에 이게 무슨 소리인가 했는데 시베리아에서 공수한 거위 털을 중국 공장에서 정제하고 상품을 만들어 중국산으로 표기해야 한다는 것이었다. 시베리아산으로 표기하기 위해서는 복잡한 절차와 검증이 필요해 시간이 오래 걸린다는 말에 이번 방송이 쉽지 않겠다는 불안한 느낌이 들었다. 시베리아의 혹한을 건디는 거위의 털로 만들었다는 점을 수백 번은 강조할 텐데 중국산이 라니. 너무나도 아이러니했다.

한 가지 미흡한 점이 나오자 다른 악재가 연이어 터져 나왔다. 시베 리아 촬영이 어려워 시베리아 거위는커녕 그 혹한의 모습조차 영상으 로 확보된 것이 없었고 이대로는 방송에서 보여줄 것이 하나도 없었다. 겨우 시베리아에 살고 있는 거위 사진 몇 장을 받았지만 그나마도 기대 하던 눈밭과 눈보라 속에서도 끄떡없는 거위의 모습이 아니라 푸르른 풀밭 위를 뛰노는 모습이 전부여서 시베리아라고 이야기해주지 않으면 아무도 모를 정도였다.

개인적으로 시베리아 혹한의 모습을 담은 영상을 구하고 어떻게든 그림을 만들어보려던 그때 또 다른 문제가 발생했다. 품질 검증을 위해 확보되어야 할 인증서나 시험 결과 등이 제때 준비되기 힘들다는 소식 이었다. 이미 11월 말을 향해가던 차에 사실상 시즌에 맞춘 방송이 불 가능해진 것이었다. MD 역시 방송을 잠시 보류해야겠다고 말했고 열 심히 준비하던 차에 허탈함을 느꼈지만 종종 있던 일이라 아쉬움을 남 긴 채 이 상품을 잊고 지냈다.

해가 바뀌고 여름이 끝날 무렵인 9월, 갑자기 방송을 해야 한다는 MD의 말에 허둥지둥 묵혀둔 자료를 다시 꺼내고 준비해서 런칭 방송 을 했지만 폭염의 열기가 아직 남아 있는 9월에 따뜻한 시베리안 구스 침구세트를 고객들이 구매하길 바라는 것은 너무나 허황된 바람이었 다. 곧 가을이 지나고 겨울이 온다는 호스트의 공허한 외침만 남긴 채 매출 목표의 절반도 달성하지 못하고 방송은 끝나버렸고, 그 단 한 번의 방송 이후 시베리안 구스는 홈쇼핑에서 자취를 감추었다.

홈쇼핑에서 한 상품이 방송되려면 많은 검증 단계를 거쳐야 하고 일정 매출 이상이 나오겠다고 최종 예상되는 상품들만 방송을 통해 고객들을 만날 수 있다. 그럼에도 예상 매출의 절반도 달성하지 못하는 방송들이 심심찮게 나온다. 실패 요인이 명확하게 분석되는 방송도 있지만 실패한 많은 방송들이 그 원인을 찾지 못하는 것이 사실이다. 그렇기에 PD들은 새로운 방송에 대해서는 실패를 방지하기 위해 더욱 정성을 들여 방송을 만들어간다. 그런 방송일수록 더 애착이 가고 혹여나 실패하면 더욱 아프고 쓰라리다. 미처 다 쓰지 못한 나의 수많은 실패 사례가 있는데 가끔 과거에 크게 실패한 상품 모음 특별방송을 해보면 어떨까 하는 생각을 한다. 이건 아주 먼 훗날 내가 홈쇼핑 회사 사장이라도 되는 날 실현해보는 것으로!

고객을 알아간다는 것 그리고

# 엄마를 알아간다는 것

# 홈쇼핑 회사에서
# 남자 직원이 살아가는 법

홈쇼핑에서 상품을 구매하는 고객의 대부분은 40~60대 여성들이다. 어떤 시간대에 방송을 해도, 어떤 상품을 방송해도, 어떻게 방송해도 구매층을 분석해보면 늘 동일하다. 정말 가끔 20~30대 여성들이 구매를 많이 하거나 남성의 구매 비중이 높은 방송이 나오는데 그럴 때마다 그 방송은 회사 내에서 굉장히 이슈가 되고 어떤 아이템을 팔았는지, 방송은 어떤 형식으로 했는지가 관심의 대상이 될 정도다. 그만큼 그런 경우가 거의 없다는 뜻이다.

그래서 아무리 홈쇼핑이 젊은 고객층을 확보하기 위해 노력하고 미래 비전을 세운다지만 결국 이 40~60대 여성들이 어떤 것을 좋아할지, 이 여성들이 생활하면서 불편한 점은 어떤 것들이 있을지 생각할 수밖에 없다. 그래서 그들의 욕구와 불편함을 가장 잘 이해하는 비슷

한 연령대의 여성 PD들이 회사에서도 두각을 나타내는 경우가 많다. 입사 이래 가장 많이 들은 말 중 하나가 "남자 직원들도 늘 자신이 여성이라는 마음으로 판단하고 일을 하라."는 것이다. 혼자 10여 년을 살면서 원하든 원하지 않든 살림을 시작했고, 시간이 지나 집안일을 하면서 라디오를 듣는 것이 스트레스를 푸는 한 가지 방법이던 나조차도 홈쇼핑의 주 고객인 40~60대 여성들의 마음을 이해하는 것은 어려운 일이었다.

입사 초반에는 모든 아이템이 생소했고 방송 하나하나 공부하고 준비하는 것이 힘들었는데 여성에 특화된 아이템은 아무리 여성의 마음으로 이해하려 해도 어려운 경우가 정말 많았다. 그중 하나가 바로 생리대다. 나만의 방송을 시작한 지 얼마 되지 않은 시기에 나는 늘 식품이나 화장지 등 비교적 쉬운 상품 위주로 방송을 했고 우리의 주 고객에 대한 이해가 크게 없어도 무리 없이 방송할 수 있었다.

그러던 차에 이제는 여성들의 마음을 이해하고 강하게 커보라는 팀장님의 지시로 1년간 회사의 모든 생리대 방송을 내가 전담하게 되었다. 나와는 지금까지, 그리고 앞으로도 영원히 상관없을 거라고 생각한 바로 그 생리대 말이다. 내가 아는 것이라곤 여성들이 한 달에 한 번 일주일 정도 꼭 필요하다는 것뿐이었다. 입사 전까지는 심부름으로 슈퍼에 가서 생리대를 사는 것조차 민망했고 왠지 쳐다보는 것조차 부끄러운 상품이었는데 회사의 모든 생리대 방송을 전담하라니!

"안녕하세요? 오늘부터 제가 생리대 방송을 담당할 예정입니다. 잘 부탁드립니다."

생리대라는 단어조차 말하기 힘들어하며 곤혹스러운 말투로 소식을 전하는 나를 보고 MD는 재미있는 일이라도 생긴 것처럼 웃음을 터뜨렸고 오히려 남자의 시각에서 새로운 아이디어를 주면 좋겠다며 격려했다. 그래도 너무 민망하고 알고 싶지 않은 영역인데! 첫 방송 회의 때 협력사 직원분도 남자인 내가 들어오자 다소 의아해했고 1년간 전담한다는 이야기를 들은 후부터는 나를 철저히 트레이닝시키려고 마음먹은 것 같았다. 기본적인 여성의 생리 주기부터 용도별 사이즈, 브랜드, 여성들이 생리대를 구매할 때 고려하는 요인 등을 몇 번이고 교육받았고 나는 서른 살이 다 되어서 생리대라는 신세계를 경험하게 되었다.

처음에는 너무나 부끄러워서 설명하는 MD의 얼굴도 쳐다보지 못했고 상품을 보고 만져봐야 한다는 협력사 직원분의 말에 진땀을 흘리기도 했다. 한번은 협력사 직원분과 MD가 상품을 자세히 보라는 미명하에 나에게 장난삼아 생리대를 가볍게 던졌는데 수류탄이라도 날아오는 것마냥 필사적으로 피하는 나의 모습에 모두가 웃기도 했다. 아무리 여러 번에 걸쳐 상세한 설명을 들었다 한들 여전히 나에게 생리대는 어렵고 이해하기 쉽지 않은 아이템이었고, 혼자 몰래 까보기도 하고 칼로 가운데를 갈라 흡수체를 관찰해보기도 하고 크기를 비교해보기도 하고 하루가 멀다 하고 MD와 협력사 직원분에게 전화해 모르는 것을 물어보기도 했다. 물론 남자의 마지막 자존심으로 생리대를 직접 차보지는 않았다! 훗날 의욕 넘치는 후배 PD가 결국 생리대를 차봤다는 소문은 들었다.

아무튼 생리대라는 것이 여성들의 필수품이기도 하고 그들이 너무나도 잘 아는 아이템이기에 방송은 생리대에 대한 전문적인 내용이나 다양한 정보보다는 구성과 가격 위주의 포맷이었음에도 첫 두세 번 방송 때는 정신없이 헤매던 기억이 난다. 호스트가 이번 방송에서 준비한 구성을 소개하는데 어떤 게 팬티라이너고 어떤 게 중형이며 어떤 게 울트라씬인지 너무 헷갈려서 구성 소개를 엉망으로 만든 적도 있다.

이렇게 한두 달 동안 시행착오를 거치면서 나는 국내에 판매되는 어지간한 생리대의 이름과 특징 등을 파악할 수 있었고, 촉감과 흡수성 등을 논하며 팬티라이너 구성이 좀 더 많아야 하지 않겠느냐는 등의 이야기까지 하는 수준이 되었다. 만약 문제가 되지 않았다면 여성 직원들과 면 생리대가 일반 생리대에 비해 어떤 점이 좋은지 토론할 수 있을 정도였다.

이렇게 의도치 않게 생리대 전문가가 되어서 외국에 나갈 때면 국내에서는 구하기 힘든 귀한 것이라며 외국 유명 브랜드의 생리대를 잔뜩 사 온다. 홈쇼핑 PD로 일하지 않았다면 평생 알지 못하고 멀리했을 아이템일 텐데 말이다. 참고로 우리 회사에서 지금까지 가장 스케일이 큰 생리대 특집 방송을 기획하고 연출한 PD도 나고, 우리 회사의 생리대 최고 매출 기록도 민망하지만 내가 가지고 있다. 이 얼마나 여성의 마음을 잘 이해하는 모범적인 홈쇼핑 PD의 모습인가!

앞서 밝혔듯 꼭 생리대가 아니더라도 홈쇼핑 아이템은 여성들의 삶을 편리하게 해주거나 풍요롭게 만들어주는 것들이 대부분이다. 그러다 보니 가끔 여성의 마음으로 아이템을 이해하려는 마음이 지나쳐서 여성들의 전유물이라고 생각하는 것들을 직접 체험해보기도 하는데 가장 인상 깊은 것이 셀프네일 상품이었다.

한창 홈쇼핑에서 셀프네일 열풍이 불었을 때 나 역시 한 상품을 담당하게 되었다. 그때까지만 해도 지인들이 네일 받으러 간다고 하면 '매니큐어를 집에서 바르면 되는데 왜 네일 숍에 가지? 아! 직원분과 이야기도 하고 스트레스를 푸는 거구나. 비싸다던데 돈 아깝지 않나?' 이런 생각을 했고 네일과 페디큐어의 차이점도 몰랐다. 기초적인 지식조차 없는 나 때문에 셀프네일 제품 방송을 준비한 MD와 협력사가 졸지에 '네일이란 말이죠' 부터 차근차근 알려주는 선생님이 되어버렸다. 그때서야 나는 네일 숍 비용에 한 번 놀라고 네일 한 번 하는 데 걸리는 시간에 또 한 번 놀라며 셀프네일의 필요성을 알게 되었고, '편리하고 디자인도 네일 숍 가서 직접 받은 것보다는 못하겠지만 나쁘지 않네. 좀 두껍고 가끔 머리카락이 끼긴 하는구나.' 정도까지 지식을 쌓고 방송에 들어갔다.

운이 없었는지 혹은 내가 부족했는지 내가 투입된 첫 방송은 기대한 매출의 절반 정도만을 달성했고, 상품도 호스트도 그대로인데 PD만 바뀐 뒤 발생한 참사라 많은 이들이 격려해주었지만 나는 잘나가던 상품을 망쳤다는 죄책감에 한동안 잠을 이루지 못했다.

다행히도 두 번째 기회가 주어져 절치부심 방송을 준비하던 중 그렇게 네일을 셀프로 하기 쉬우면 남자인 나도 예쁘게 할 수 있지 않을까? 하는 궁금증이 생겼다. 그 결과 단 한 번도 네일은커녕 손톱 정리도 안 해본 내가 한두 번 시행착오는 있었지만 열 손가락 전부를 아주 쉽게 셀프네일에 성공했다. 물론 다시 제거하는 데 요령이 없어서 고생은 했지만 직접 해보니 '정말 대박인데?' 하는 생각과 더불어 지금까지 이론적으로만 알던 아이템에 대한 이해도가 높아져 좀 더 디테일한 연출과 아이디어 도출이 가능해졌다.

대망의 2차 방송을 준비하며 원래는 실제 남자가 셀프네일을 하는 모습을 보여주며 남자도 직접 할 수 있을 만큼 쉽고 편한 아이템임을 강조하려고 했다. 그러나 아무래도 남자 손이다 보니 하기 쉽다는 것을 보여주기 위해 예쁜 것이 생명인 아이템임에도 비주얼적으로 포기해야 하는 부분이 많았다. 네일이 아무리 예뻐도 남자 손에 하는 것은 아니었다. 그래서 수정된 아이디어가 바로 '남자가 여자에게 네일을 해줄 수 있을까?'였다. 대부분의 남자들이 나처럼 네일에 대한 관심이 적고

만약 여자 친구나 아내에게서 네일을 해달라는 부탁을 받는다면 굉장히 당황할 것이다. 게다가 실제로 해본들 그 퀄리티라는 게 차마 눈 뜨고 보지 못할 정도일 가능성이 높다.

실제 남녀 몇 커플을 섭외하여 이 같은 상황을 만들어보았다. 일단 많은 남성들은 네일 자체에 대한 지식이 부족했고, 예상한 대로 내가 현장에서 자신들의 여자 친구에게 네일을 해달라고 요청했을 때 의욕적으로 해보겠다던 몇몇을 제외하고는 대부분 크게 당황했다. 재미있는 것은 여성들 역시 예상이 되는 퀄리티에 한사코 남자 친구에게서 네일을 받지 않겠다고 한 점이다. 벌벌 떨며 매니큐어를 바르는 사람도 불안하고 네일 받는 사람도 불안한 상황이 이어졌고, 아니나 다를까 매니큐어는 흐르고 튀고 결국 여성들의 손톱은 아이들이 장난이라도 친 것처럼 엉망이 되었다.

결과물에 경악하는 여성들과 당황한 남성들의 아슬아슬한 분위기가 이어질 때쯤 우리가 판매하는 셀프네일 아이템을 건네주며 다시 한 번 해보자고 제안했다. 다소 위축된 남성들이 불신에 가득 찬 여성들을 달래가며 다시 네일을 시작했고, 이 셀프네일 아이템을 통해 빠르고 쉽게 완성되지만 네일 숍에 뒤지지 않는 퀄리티가 나오자 모두가 굉장한 반응을 보였다. 남성들은 자신들이 이렇게 쉽게 여자 친구에게 네일을 해줬다는 데 뿌듯해했고, 여성들은 못 미더운 남자 친구가 근사하게 네일을 해줬다는 사실에 놀라워했다. 이 일련의 모습들을 카메라에 담아 방송에 활용했고 이 영상은 고객들에게 큰 재미와 공감을 얻었으며 훌륭한 매출까지 동반되어 1차 방송의 실패를 완벽히 만회했다. 늘 이런 일의 연속이지만 홈쇼핑 PD로 일하며 이렇게 또 한 번 여성들의 마음을 알아가게 되었다.

이런 것뿐만 아니라 여성 의류나 색조 화장품 심지어는 보정 속옷까지 직접 체험해보는 남자 PD들이 종종 있다. 의욕도 넘치겠지만 홈쇼핑이라는, 여성이 주 타깃인 회사에서 살아남기 위한 눈물겨운 노력일 것이다. 허풍이라고 생각하겠지만 여성 패션 잡화를 담당하는 남자 PD 중에는 일상생활에서 체험해보고 이해하겠다는 일념으로 실제 여성 의류를 입고 여성 핸드백을 들고 출근하는 사람도 있다.

# 여행 상품 방송을 하다
# 훌쩍 떠난 어머니와의 여행

40~60대 여성들의 마음을 이해해야 하는 직업을 가지다 보니 이것이 나에게는 자연스럽게 어머니의 마음을 이해하고 공감할 수 있는 기회가 되었다. 따로 독립하여 혼자 살기 전 나는 사람들이 흔히 말하는 '옛날 남자' 스타일이었다. 감정 표현이 없이 무뚝뚝하고 집안일에는 도통 관심이 없었다. 집에 이런 남자가 셋이나 있다 보니 우리 집은 평소 조용했고 어머니는 늘 자신의 마음을 제대로 이해하고 공감해줄 딸이 없음을 아쉬워했고 집에서 키우던 암컷 강아지가 자신을 더 잘 이해한다며 농담 같은 넋두리도 자주 했다.

직장을 다니면서도 어머니는 마치 원래 그래야 하는 것처럼 집안일을 도맡아 했고, 나는 종종 부탁받은 그 쉬운 걸레질조차 귀찮아하던 남자였다. 그런 내가 여자로서 어머니의 고충이나 취향 같은 것을 제대로 알았을 리가 없다. 솔직히 이야기하면 관심이 없었고 무지했다고 하는 것이 맞는다.

입사 1년 차에 처음으로 회사에서 인센티브를 받았다. 많은 돈은 아니지만 사회 초년생으로서 내 인생에 그런 목돈을 한 번에 받아본 적이 처음이라 어머니에게 무엇이든 선물하고 싶었고 살면서 명품과는 담을 쌓은 어머니가 명품 하나 정도는 갖길 바랐다. 어머니의 생각이나 취향은 물어보지도 않고 심지어 생각할 시간도 주지 않은 상태에서 무작정 백화점 명품 매장으로 어머니를 모셔갔고, 당황해서 들어가지 않으려는 어머니와 한동안 옥신각신한 끝에 겨우 한 명품 매장에 들어갈 수 있었다. 나의 성화에 못 이긴 어머니는 잠깐 고민한 끝에 지갑을 하나 골랐고, 그 지갑은 어머니가 아까워서 도저히 못 쓰겠다고 선언한 이후 아직도 어머니의 장롱 안에 고이 모셔져 있다. 나는 그나마 잘하지 않던 고마움의 표시조차도 서툰 아들이었다.

그때로 시간을 돌릴 수 있다면 어머니에게 먼저 나의 의중을 이야기하고 어머니가 충분히 생각한 후 정말 갖고 싶은 것을 고르게 하고 싶다. 아무튼 그렇게 무식하던 나는 본격적으로 홈쇼핑 방송을 하면서 여성들을 타깃으로 한 아이템들을 계속 접하며 자연스럽게 그들의 고충을 알게 되고 이해하게 되었다.

나는 단 한 번도 빨래가 힘들다고 생각해본 적이 없다. 세탁기가 깨끗하게 세탁해주면 널기만 하면 되는 세상 쉬운 일이라고 생각했다. 가끔 이불 빨래 같은 것들만 무게도 많이 나가고 부피가 크니 좀 힘들 수 있겠다고 생각하는 수준이었다. 한두 해 전부터 홈쇼핑에서 의류 건조기가 큰 인기를 끌었다. 방송 전에 미리 사겠다는 고객들이 줄을 서 방송을 하기도 전에 목표를 초과 달성하고 방송을 시작하는 경우가 있을 정도였다. 나는 그저 그 인기의 원인을 편리함으로 생각했는데 방송 회의 중 한 호스트가 이런 이야기를 했다.

"나는 이제 손목이 아파서 빨래를 해도 팡팡 털지를 못해서 늘 남편한테 부탁해 널었는데 이거 쓰니까 손목 아프지 않아서 너무 좋아."

나는 빨래를 널기 전 털 때 손목이 아플 거라고는 미처 생각하지 못했다. 특히나 주름이나 먼지를 없애려고 팡팡 터는 여성들은 더욱 그 증상이 심하리라는 것을 그 회의를 하고서야 비로소 알게 되었다. 가끔 어머니가 빨래 바구니를 끙끙대며 옮긴 다음 나에게 털어달라고 하던 게 그런 이유였구나. 종종 손목이 아프다던 어머니를 보고 그저 나이듦에 따른 자연스러운 현상이구나 하고 무심히 넘어간 내가 부끄러워졌다. 때마침 어머니가 먼저 건조기에 관심을 보여서 냉큼 구매해드렸다. 지금은 집에서 하루도 쉬지 않고 건조기가 돌아가는데 특이하게도 어머니는 건조 기능은 쓰지 않고 오직 털기 기능만 사용한다. 내가 생각한 것보다 더 빨래 털기가 힘들기에 그랬을 것이다. 신기하게도 건조기를 사 드린 이후로 어머니는 손목이 아프다는 이야기를 하지 않는다. 이제 와서 의미 없는 이야기지만 시간을 되돌릴 수 있다면 집에서 빨래 정도는 내가 담당하고 싶다.

사회 초년생을 자녀로 둔 어머니들은 대부분 갱년기를 앞두고 있거나 갱년기에 접어든 상태일 것이다. 내가 어머니에게 가장 미안한 것 중 하나가 여성으로서 신체적으로 육체적으로 힘들었을 갱년기를 홀로 보내게 한 것이다. 폐경이 되었다는 어머니의 말에 이제 어머니도 그런 나이가 되었구나 하고 말았고, 갑자기 덥다며 혹은 춥다며 부채질을 하고 겉옷을 챙기는 모습을 보고도 "갱년기가 원래 그래." 하는 어머니의 아무렇지도 않은 말 한마디에 그저 인생의 통과의례 정도로만 생각했다. 그 시기에 유독 어머니가 자주 우는 모습을 보이기도 했고 외로워하는 모습을 보이기도 했으며 반응도 시원찮은 나에게 주저리주저리 자기 이야기를 많이 하기도 했다. 어머니의 그 힘들고 외로운 시기를 왜 그렇게도 무심하게 지나쳤는지 지금도 많이 후회된다.

홈쇼핑에서도 메인 시청자들을 사로잡기 위해 갱년기 중장년층 여성들을 위한 건강식품을 많이 방송한다. 한번은 갱년기에 먹으면 좋다는 건강식품 방송을 하게 되어 회의를 하는데 처음 방송하는 나를 위해 협력사 직원분이 갱년기에 대해 친절하게 설명을 해주었다. 두통, 피로감, 식욕부진, 안면홍조 등의 신체적인 증상은 물론 우울증, 불안감 등 정신적인 어려움까지 겪는다는 이야기와 사람마다 다르지만 심한 경우는 심각한 무력감 등으로 굉장히 힘들 수 있다는 이야기에 내가 어머니에게 너무 무심했다는 것을 깨달았다.

신체의 변화, 더군다나 나이가 들어 더 이상 여성으로서 역할이 어려울 수 있는 변화를 겪으며 생각이 많아졌을 어머니를 생각하니 마음이 아팠다. 갱년기의 끝자락에 효과가 있을지 없을지 확신이 서지는 않았지만 홈쇼핑 PD의 안목으로 고르고 고른 갱년기 건강식품을 어머니에게 보내드렸고, 평소 약이라면 질색하던 어머니도 잘 복용하며 효과가 있다고 기분 좋아했다. 여러 종류의 건강식품을 사 드려봤지만 직접적으로 효과가 있다고 칭찬한 것은 이것이 아직까지도 유일하다.

　나는 여행을 매우 좋아한다. 누구나 그렇겠지만 새로운 곳에 가서 새로운 풍경을 보며 새로운 음식을 즐긴다는 것은 내게 너무나 행복한 일이다. 사춘기가 지난 후 나는 어머니와 여행을 가본 적이 없다. 친구들과 때로는 혼자 국내의 숨겨진 명소나 외국의 유명 관광지를 여행하며 나의 즐거움을 채웠다. 어머니는 일 때문에 늘 바쁘다고 생각했으니까. 집과 직장밖에 모르던 어머니가 가끔 동료들과 어디를 다녀왔다는 이야기를 들으면 좋았겠다는 의례적인 말만 하고 어머니가 어떤 걸 보고 왔는지 어떤 행복한 추억을 남겼는지 궁금해하지 않았다. 나 자신은 매년 북미와 유럽 등을 휘젓고 다니며 인생을 즐기면서도 외국이라고는 동남아 한두 곳과 일본을 잠깐 다녀온 것이 전부인 어머니를 '아시아 취향이지! 먼 곳은 힘드니까!' 하며 내 마음대로 그 정도면 충분하다고 단정 지었다.

　홈쇼핑에서는 여행 상품 방송을 정말 많이 한다. 제주도 같은 국내 여행지부터 동남아, 유럽, 북중미는 물론 평소 들어보지 못한 생소한 지역까지 다양한 여행 상품을 선보인다. 한때 여행 상품 방송을 전담하던 시기에는 매주 달라지는 여행지의 환상적인 모습을 보며 "저기 진짜 가보고 싶다."는 말만 연발한 적도 있다. 여행 방송 역시 예외 없이 앞서 밝혔듯 40~60대 고객들이 가장 많이 관심 있게 보고 실제 구매로 이어진다.

　어느 날 방송에 활용하기 위해 먼저 다녀온 고객들의 여행 영상을 보게 되었다. 어머니 또래의 분들이 유럽이나 미국 등의 관광 명소를 방문하고 지역 특색이 묻어나는 음식을 즐기는 모습을 보면서 자연스레 어머니가 생각났다. 누구보다 열심히 살아온 어머니도 저런 행복을 누릴 자격이 있지 않을까? 심지어 나와 함께 간다면 더 좋아하시지 않을까? 수많은 생각이 머릿속을 교차했다. 현실 가능성 여부를 타진하거나 미리 언질도 없이 어머니에게 같이 여행을 가자고 이야기했다. 그나마도 괜히 민망하여 퇴직 기념이라는 거창한 이유를 붙여가며.

갑작스러운 이야기에 어머니가 당황하지는 않을까 걱정했는데 도리어 어머니는 날짜도 여행지도 듣기 전에 혼자 떨어져 사는 아들과 정말 오랜만에 일주일 넘게 같이 다닐 수 있다는 사실에 행복해했다. 외국여행 경험이 많지 않은 어머니가 다들 좋아하는 프랑스나 이탈리아 등을 좋아할 것이라는 내 예상과는 달리 어머니는 오스트리아에 가보고 싶다고 했다. 유럽에 대해 어머니가 뭘 알겠어라고 생각했던 나는 모차르트와 영화 〈사운드 오브 뮤직〉 이야기를 하며 사실 언젠가 오스트리아에 꼭 가보고 싶었다는 어머니의 이야기를 듣고 그동안 그렇게 말없이, 하지만 디테일하게 로망을 품고 있었구나, 이 아들은 그것도 모르고 자기 여행 다닌 것만 자랑하고 있었구나 하는 생각에 그동안 어머니에게 너무나 무심했음을 많이 자책했다.

그 후 약 두 달간의 여행 준비는 내가 태어나 처음으로 정성을 들여 어머니의 마음과 취향을 생각하며 보낸 시간이었다. 그렇게 홈쇼핑 여행 방송을 담당하다 덜컥 시작한 어머니와의 오스트리아 여행 시간 대부분은 행복했다. 지금껏 못한 이야기들을 나누고 아름다운 오스트리아의 풍경들을 함께 즐겼으며, 모자끼리 유럽 여행을 온 것은 처음 봤다는 사람들의 이야기에 어깨가 한껏 올라가는 어머니를 보며 생애 처음으로 내가 효도하고 있구나 하는 느낌도 받았다. 또한 이 여행은 내가 어머니의 나이듦을 이해하는 계기가 되었다는 점에서 그 의미가 남달랐다.

내가 대학 진학을 위해 스무 살 때 서울로 상경했을 당시 어머니는 마흔넷이었다. 교사인 어머니는 늘 똑 부러지고 아는 것도 많은 분이었다. 내가 서울에 정착한 이후부터는 본가에 1년에 많아야 5번 정도 가게 되면서 어머니를 보는 시간이 많이 줄어들었고, 그렇게 14년 정도 지나면서 내가 대학 새내기에서 출발하여 직장인 초년생 티를 벗는 동안 어머니는 어느새 직장에서 퇴직하고 쉰여덟이 되셨다.

오스트리아에서 예순을 앞둔 어머니는 어쩌면 당연한 일이지만 기계를 볼 때마다 매우 당황했고 엉뚱한 버튼을 자주 눌렀다. 글씨가 조금만 작거나 조명이 어두우면 도통 보이질 않는다며 어려움을 호소했고, 지금 우리가 있는 곳이 어디인지 몇 번을 설명해드려도 잊어먹고는 기억을 잘하지 못했다. 곧잘 엉뚱한 길로 들어가 서로 잃어버릴 뻔한 적도 많았고, 아무리 맛있는 음식이 있어도 예전보다 더 빨리 숟가락을 놓았다.

마흔네 살의 패기 넘치는 어머니의 모습이 더 익숙한 나에게는 어머니의 이런 모습이 다소 갑작스럽게 다가왔고, 어쩌면 내가 신경을 쓰지 못하는 사이 조금은 늙어버린 어머니의 모습을 거부하고픈 나의 반발심도 조금은 섞여서, 나도 모르게 몇 번 어머니에게 짜증을 내기도 했다. 낯선 외국에서 아들의 못난 짜증에도 싫은 소리 한번 없이 금방 또 좋은 곳 왔다며 행복해하던 어머니의 모습에 곧바로 나의 뾰족함을 후회했다. 지금도 그것은 두고두고 후회되는 기억이면서 스스로 어머니가 나이가 들었음을 이해하고 이제는 내가 어머니를 더 신경 써야 한다고 자각하는 계기가 되었다.

다행히 오스트리아를 여행하면서 좋은 기억이 좀 더 많은 어머니는 그다음 해에도 또 그다음 해에도 먼저 나에게 이탈리아며 프랑스며 가고 싶다며 이야기했고 더 늦기 전 우리 모자는 좋은 추억을 또 만들 수 있었다. 물론 유명 관광지를 갈 때마다 너무 좋아하면서도 쓸쓸한 말투로 "내가 지금 보면 평생 언제 다시 보겠냐."며 쉽사리 발길을 돌리지 못하는 어머니의 모습에 남몰래 콧날이 시큰한 적이 많았지만. 이렇게 여행 상품 방송을 하다 훌쩍 떠난 어머니와의 여행은 어머니를 좀 더 알게 되는 기회가 되었다.

지금도 여전히 방송을 준비할 때마다 '이런 상품을 어머니들이 좋아할까? 어떻게 하면 어머니들에게 어필이 될까?' 하는 고민을 가장 먼저 한다. 일상생활을 하면서 어머니들이 불편한 모습을 보면 그런 상황을 해결할 수 있는 상품에 대한 아이디어를 생각해보는 경우도 있다. 어머니들이 필요한 것과 그들의 고충을 연구하다 보니 자연스레 어머니와의 대화나 관계 역시 많이 개선되었고 지금은 내가 먼저 어머니에게 괜찮을 만한 아이템을 권하는 수준까지 왔다. 고객을 알아가며 어머니를 알아간다는 것. 조금 늦었지만 나에게는 행복한 일이다.

누구나 각자 그들만의 사연이 있다

# 내가 만난 협력사들

# 홈쇼핑 경험이 없는 협력사와
# 신입 PD의 환장의 조합

홈쇼핑을 쇼핑의 도구로 활용하는 사람이 많아지고 대중의 관심이 높아질수록 홈쇼핑의 문제점 역시 대두되고 있다. 현업에 몸담고 있는 입장에서 책임을 통감하고 또 그만큼 가슴 아픈 사실이지만 질 낮은 상품 판매, 잘못된 정보 안내, 과도한 고객 현혹 등이 대중에게 널리 알려진 홈쇼핑의 문제점일 것이다. 하지만 그중에서도 가장 잘 알려진 홈쇼핑의 문제는 바로 '협력사에 대한 갑질'이다. 앞서 밝혔듯이 대중에게 비치는 이미지에 비해서는 협력사와 좋은 관계를 위해 노력하고는 있지만, 마냥 억울하다고 하기에는 너무 많은 사건이 세상에 알려졌으니 나 역시 홈쇼핑의 여전한 문제점이라고 생각한다.

홈쇼핑 PD로서 수많은 방송을 하며 다양한 협력사를 만나 때로는 둘도 없는 파트너로, 때로는 서로가 너무 답답하고 미운 존재로 남는 등 다양한 상황을 겪고 많은 감정을 느낀다. 그런데 협력사와의 관계가 단지 홈쇼핑은 갑이고 협력사는 그저 방송을 하기 위해 간이며 쓸개며 다 갖다 바치는 슈퍼을이며, 그렇기에 이 둘의 관계는 '갑질'이라는 표현 하나면 충분한 것처럼 인식되는 것이 정말 안타깝다. 실제 나는 오랜 시간 방송을 하면서 다양한 사연을 가진 협력사들을 많이 만났고 그들과 아주 많은 에피소드들을 만들어냈다.

방송을 스스로 책임지는 한 명의 PD로 입봉한 후 1년 정도의 시기에 가장 힘든 점 중 하나는 협력사들의 불신이다. 회의 때부터 느껴지는 "이 햇병아리가 우리 물건을 진짜 잘 팔 수 있을까?" 하는 분위기가 PD를 더 긴장시키는 경우가 많다. 의욕적으로 아이디어를 내면 이미 다 해봤는데 괜히 준비만 복잡해지니 그냥 가자는 이야기도 많이 듣고 상품 설명을 한 번에 이해하지 못하면 답답해하기도 한다. 또 매출이라도 안 나오면 미숙한 PD의 탓이라며 협력사의 모든 비난의 대상이 되는 경우도 종종 있다. 물론 PD의 서툰 진행이 매출에 영향을 미쳤을 수도 있지만 그런 이야기를 들을수록 햇병아리 PD들은 더 위축된다. 나역시 입봉하고 1년 동안은 방송 때마다 긴장하고 방송 후 협력사 직원분들에게 모진 말도 많이 들었다. 한때 나에게 방송 공포증을 안긴 협력사가 문득 생각난다.

보통 갓 입봉한 PD들은 기존에 운영되는 아이템을 방송한다. 이미 방송의 형식이나 흐름이 잘 짜여 있어서 자신의 스타일대로 조금씩 수정만 하면 되는 터라 난이도가 높지 않다. 그렇게 조금씩 방송 진행 경험을 쌓으면 런칭 방송이라는, 자신이 모든 걸 처음부터 기획하고 결정

하는 고난이도 업무를 맡게 된다. 이 런칭 방송이라는 것이 복불복이라 어떤 아이템은 경쟁사에서 이미 운영되고 준비가 잘 되어 있어서 비교적 수월할 때도 있고, 어떨 때는 아예 백지상태에서 준비해야 해서 일주일 내내 야근하며 풀리지 않는 답을 찾기 위해 골치를 썩기도 한다.

나의 첫 런칭 방송은 다이어트 제품이었다. 발포 비타민 형태로 물에 타서 꾸준히 먹으면 다이어트에 도움이 되는 아이템인데 운이 없게도 홈쇼핑 경험이 전무한 협력사의 아이템이었다. 신규 아이템을 런칭할 때 어떤 준비과정을 거쳐야 하는지 아직 정확히 모르는 PD와 홈쇼핑에 입점하여 방송해본 경험이 없는 협력사의 조합은 한마디로 환장 (?)의 조합이다.

열심히 한다고 했지만 나의 방송 준비는 디테일하지 못하여 매 회의 때마다 미흡한 점이 노출되었고, 협력사 역시 성실했지만 경험이 없는 만큼 방송 준비에 속도가 나지 않았다. PD로서 빠르게 결정해야 하는데 방송이 일주일 남은 시점에 스튜디오를 어떻게 꾸밀지 혹은 대략적인 방송의 콘셉트는 무엇으로 할지도 정하지 못한 채 시간만 흐르고 협력사의 조바심은 더욱 커졌다.

그때 즈음이 하필 다이어트 시즌이라 방송 당일 동일 시간에 경쟁사에서도 모두 다이어트 제품 방송을 했다. 발포 형태의 시원함을 시청자들에게 들려주기 위해 고성능 마이크를 쓰고 방청객 인터뷰도 준비하며 나름 노력했지만 햇병아리 PD의 방송은 노련한 경쟁사 방송에 비해 너무 허술해 보였으리라. 매출이 여러 방송사에 분산된 것을 감안해도 매우 부진한 결과가 나왔고, 그때까지 어설픈 PD의 준비과정을 참아온 협력사의 서운함이 방송 리뷰 회의 때 터져버렸다. 처음부터 너무 답답했다, 이렇게 연출을 하면 어떡하냐, 타 방송사와 너무 비교되더라 등 아직 PD로서 완전히 여물지 않은 나의 가슴에 비수가 될 만한 이야기들이 오갔다.

그 방송 이후 한동안 런칭 방송에 트라우마가 생겨서 새로운 상품에 배정되면 손이 덜덜 떨렸다. 이렇게 PD의 능력이 확연히 떨어져 보일 때는 협력사 직원분들의 가차 없는 비판이 돌아온다. 많은 비용을 지불하고 들어온 우리의 고객을 만족시키지 못했기 때문에 이것은 당연히 감내해야 할 부분이다.

한동안 내가 방송에 소질이 없나 하고 자책하던 그 무렵 한 협력사의 방송을 전담하게 되었는데 그 협력사는 강력한 시연을 바탕으로 한, 홈쇼핑 업계에서는 아주 유명하고 힘이 있는 곳이었다. 자신들이 경험이 많다 보니 매출로 연결되는 방송의 흐름과 호스트의 멘트 등을 분석한 후 모범 PT를 만들어 PD에게 그대로 방송해달라고 할 정도였다. 가뜩이나 주눅 들어 있던 내가 그런 강성 협력사의 방송을 전담하게 되자 PD 선배들도 당시 많이 걱정했고, 협력사가 주장도 강력하게 하고 요구사항도 많아 고생 좀 할 것이니 마음 단단히 먹으라는 당부의 말도 더했다.

MD와 협력사의 상품 설명이 끝나고 호스트가 몇 마디 한 후 드디어 나의 발언 차례. 소문과 달리 자신들의 모범 PT를 나에게 보여주며 그대로 연출하기를 요구하거나 강한 주장을 하지도 않아서 다소 의아해하며 나의 방송 전략을 공유했다. 지금 돌이켜보면 서툰 PD의 의욕만 가득한, 낯이 뜨거워질 정도로 너무나 엉성한 전략이었다. 하지만 아직도 기억나는 건 협력사 직원분들이 내 이야기를 끝까지 듣고 "그렇게 하시죠, PD님." 이 말 외에는 아무 말도 하지 않았다는 것이다. 내가 "네? 정말요?" 하며 되물을 정도로 예상치 못한 반응이었고 그렇게 방송 회의는 끝났다.

생각해보면 내 방송 전략이 좋았다기보다는 경험 많은 협력사 직원분들이 어리숙한 PD의 모습을 보고 매출에 대한 걱정보다는 미래의 좋은 모습을 기대하며 너그러이 넘어가주었을 것이다.

　다행히도 그 방송의 매출은 훌륭하게 나왔고 한동안 그 협력사의 전담 PD로 방송에 대한 경험을 많이 쌓았다. 운 좋게도 그 시즌이 이 아이템의 성수기라 방송은 할 때마다 좋은 매출을 달성했고 그때마다 협력사 직원분들은 나에 대한 칭찬을 아끼지 않았다.

　"PD님이 저희 제품 방송하면 항상 마음이 그냥 편해요. 또 잘 나올 거니까."

　협력사 직원분들의 이 따뜻한 말 한마디에 그때까지 남몰래 가지고 있던 자책, 불안, 나에 대한 불신 등이 씻은 듯이 사라졌고 한 명의 PD로서 방송을 이끌어나가는 본격적인 계기가 되었다. 이제 이 협력사의 제품을 방송하지는 않지만 아직도 회사에서 마주치면 아주 반갑게 인사한다.

# 과거를 청산하고
# 새롭게 홈쇼핑을 시작한 사람들

종종 어두운 과거를 청산하고 새롭게 인생을 시작하는 분들을 협력사로 만날 때가 있다. 실제 내가 만난 몇몇 협력사 직원분들이 과거에 주먹 쓰는 직업을 가졌다는 사실을 직간접적으로 알게 되는 경우가 있는데 이런 분들은 몇 가지 공통점이 있다. 먼저 다들 험상궂은 얼굴과 우람한 몸집과는 전혀 다르게 생각보다 너무 착하고 순수하다.

홈쇼핑에 처음 들어온 협력사의 식품 방송 회의에 들어갔는데 얼굴에 선명한 칼자국이 있는 협력사 직원분이 나를 반갑게 맞이했다. 나로서는 이미 선배들에게서 이런 종류의 이야기를 많이 들었던 터라 정말 그런 쪽에 계셨던 분인지 아닌지 긴가민가하던 차에 이럴 수가. 협력사의 다른 직원분들이 의자에 앉지 않고 벽 쪽에 쭉 서 있는 것이 아닌가. 정말 영화에서나 볼 법한 장면이어서 기겁을 하며 어서 다들 앉으시라고 하며 회의를 진행했다.

"PD님, 제가 고민이 있습니다. 정말 심각합니다."

가뜩이나 협력사 직원분들의 첫인상에 당황하던 나를 맞이한 직원분이 상품 설명도 하기 전에 너무나 진지하게 말하는 바람에 갑자기 긴장이 되었다. '뭘까. 매출이 안 나오면 나를 어디 묻어야 할지 고민한다는 건가?' 따위의 말도 안 되는 상상을 하며 정중히 어떤 고민이 있는지 여쭤보았다.

"직원들 식탐이 엄청나서 팔아야 할 제품을 너무 먹어 치웁니다. 팔 제품이 없어요. 저희 제품이 너무 맛있나 봐요, 하하하."

첫 만남에 어색함을 풀어보고자 한 농담인데 그것이 농담임을 깨닫기까지 꽤 오랜 시간이 걸렸다. 재미있지 않느냐며 그래도 이제는 적당히 먹으라며 동료 직원의 어깨를 두드리는 그분과 맞장구치며 깔깔대는 직원분을 보며 이분들이 생각보다 순수하다고 생각하며 같이 웃었다.

또 소소하게 어린이 완구 방송을 하던 협력사 직원분은 회의 때마다 늘 보자기 같은 데다 장난감을 가져와서 우리에게 설명했는데 터질 듯한 팔뚝과 두꺼운 손으로 낑낑대며 장난감을 조립하는 모습은 늘 우리를 폭소케 했다. 나와 호스트가 도와드린다고 해도 그것은 자신의 역할이라며 한사코 거절했고, 방송이 끝나면 항상 담배를 피우며(그 담배는 항상 아랫 직원이 불을 붙여줬다.) 자신이 조금만 더 빨리 마음을 고쳐먹었으면 지금 강남에 빌딩을 샀을 거라며 쑥스러워했다.

한번은 앞머리가 까슬하게 타서 오셨기에 무슨 일이냐고 여쭤봤더니 한 고객이 장난감의 내열성에 대해 문의해서 실험을 해보다가 홀라당 태웠다는 것이다. 그럼에도 자기 옆에서 도와주던 직원보다는 덜 타서 다행이라고 좋아하는 모습을 보며 나와 호스트는 또 한 번 크게 웃었다.

또 다른 공통점은 습관이 무서운지 다들 의리로 똘똘 뭉쳐 있고 지나치게 깍듯하다는 것이다. 아무래도 자신들의 상품을 최전선에서 판매해주는 사람이라고 인식해서 그런지 다들 내가 민망할 정도로 예의를 차려서 당황할 때가 많다. 앞서 언급한 식품 협력사 직원분들의 경우 내가 회의를 들어갈 때마다 다들 일어나서 90도로 인사하는 바람에 내가 거의 절을 하며 맞인사를 했고, 회의가 끝나고도 잘 부탁드린다는 우렁찬 소리와 함께 또다시 90도로 인사해서 내가 매번 제발 그러지 마시라고 쩔쩔맸다. 또 방송이 조금이라도 잘 나오면 내 덕분이라며 우리 집 냉장고가 부족할 만큼 음식을 싸주는 바람에 몇 번이나 회사 규정상 이러면 안 된다고 애걸복걸하며 마음만 받기도 했다.

어린이 완구 협력사도 홈쇼핑 방송에 쓸 영상 촬영 현장에 갔더니 우리는 피를 나눈 형제라는 다소 이상한 논리로 고급 일식집을 예약해두는 바람에 도망치기도 했다. 결국 인근 백반집에서 혼자 식사를 하다 들켜 직원 한 분이 내가 식사를 마칠 때까지 더 필요한 건 없냐, 찬은 입에 맞느냐 물어보며 자리를 같이 지켜주셨다. 그 후 한동안 방송 협력사로 이런 분들을 못 만났는데 아직도 가끔 그분들의 순수한 행동과 말들이 생각나 웃을 때가 많다.

# 홈쇼핑 방송과 협력사는
# 운명 공동체

PD로서 가장 보람을 느낄 때가 사정이 어려운 협력사가 홈쇼핑 방송을 통해 성공적인 매출을 올려 회사 사정이 점차 좋아지는 모습을 볼 때다. 한번은 베트남에 공장을 두고 주방용품을 생산하여 한국에서 판매하는 작은 규모의 협력사 방송을 담당하게 되었다. 산업 구조상 다구성 고가격으로 판매할 수밖에 없는 홈쇼핑 주방용품은 점점 집에서 요리하는 비중이 줄어드는 세상에서 정말 혹독한 시기를 보내고 있다. 이런 상황에서 지푸라기라도 잡는 심정으로 홈쇼핑 입점을 결정한 협력사는 제품을 소개하는 자리에서조차 자신이 없고 주눅이 들어 보였다. 오프라인에서의 판매 현황이나 제품 경쟁력 등을 여쭤볼 때마다 변변찮은 상품이라 죄송하다는 말만 반복하는 모습에 괜스레 오기가 생겼고 직원분들을 독려하며 방송을 준비했다.

조금 더 공부해보니 이 주방용품은 유명하지 않은 브랜드지만 벨기에에 기반을 둔 역사가 오래된 브랜드고 유명 주방용품의 생산 공장에서 같이 제작하여 품질 차이도 거의 없었다. 거기다 이미 생산했지만 판매가 지지부진하여 창고에 쌓여 있는 나이프, 포크 세트를 추가 구성으로 증정하자는 아이디어까지 보태졌다. 고품질의 상품을 브랜드 거품을 없애고 저렴한 가격에 판매하는데 그 브랜드조차 유럽 벨기에의 유서 깊은 브랜드라는 점을 강조한 방송은 조명에 신경을 써 고급스럽게 반짝반짝거리는 포크와 나이프 세트의 지원에 힘입어 예상치 못한 성공을 거두었다.

방송이 끝나고 부조정실에서 나와 호스트와 협력사 직원분들이 기다리는 스튜디오로 가는데, 이미 환호성이 끊이지 않고 들려왔다. 홈쇼핑에서 보여줄 수 있는 연출은 한계가 있고 아무리 포장을 잘해도 상품이 좋아야 고객들이 찾는다고 말해도 협력사 직원분들은 모두가 나와 호스트의 방송 덕이라며 고마워했고, 이 주방용품은 다행히도 짧지 않은 기간 동안 꾸준히 좋은 매출을 달성했다. 더욱 기분이 좋은 것은 이 주방용품 방송의 성공으로 협력사의 사정이 눈에 띄게 나아졌다는 것이다. 일단 직원분들이 활기를 되찾았고 오랜만에 보너스를 받았는데 우리 덕분이라며 좋아했다. 눈물이라도 글썽였으면 나도 같이 울 준비가 돼 있었는데 그 정도까지는 아니었나 보다.

아무튼 이 작은 성공에 고무된 협력사의 대표님 역시 베트남에서 귀국하여 우리 회사를 방문했고, 꾸준한 파트너십을 원한다며 잘 부탁한다는 말만 연신 되풀이했다. 현재 그 협력사는 홈쇼핑 방송을 하지 않지만 몇몇 직원분들과는 여전히 일 년에 한두 번 안부를 주고받는다. 나는 이분들과의 소중한 경험을 통해 홈쇼핑 방송과 협력사가 좋은 시너지를 낼 수 있다고 굳게 믿는다.

물론 이렇게 협력사에 대해 좋은 기억만 있는 것은 아니다. 협력사는 협력사 나름대로 홈쇼핑에 불만이 있겠지만 나 역시 함께 일하기 힘든 분들을 정말 많이 만나봤다.

내가 이해하기 힘든 협력사 중 하나가 자신들 방송에 의욕이 없는 곳이다. 자신들이 스스로 홈쇼핑을 상품 판매처로 선택했고 방송에 비용을 투자했다. 그러면 최대한의 협업과 노력을 통해 좋은 매출이 나오도록 하는 것이 당연한데 방송 회의 때 PD와 호스트가 열성적으로 방송 전략을 설명해도 심드렁해하거나 의욕 없이 못 한다는 말만 반복하는 경우가 있다. 또 방송 때조차 협력사가 해야 하는 기본적인 준비를 제대로 못 한다면 아무리 PD와 호스트가 홈쇼핑 방송의 신이어도 매출이 잘 나올 수가 없다.

한번은 식품 방송을 하는데 회의 때 식감 자극에 대한 전략이나 방송 흐름에 대해 열띤 토론을 했는데도 협력사 직원분이 우리 요청사항을 건성건성 듣고 가더니 방송 당일 해당 상품을 딱 2세트 가지고 왔다. 방송을 하려면 구성 세팅, 요리 세팅, 호스트의 시식 등을 위해 넉넉히 5세트는 필요한데 단출한 협력사의 준비에 아연실색할 수밖에 없었다.

최소한의 정보를 전달하기 위해 구성 세팅에 1세트를 쓰고 나니 1세트밖에 남지 않았다. 회의 때 그렇게 이야기한 요리는 아예 생각조차

할 수 없었고 호스트가 시식하기 위해 나머지 1세트를 쓸 수밖에 없었다. 홈쇼핑 방송답게 다구성이 배송되는 만큼 이 제품으로 만들 수 있는 다양한 요리들을 근사하게 보여줘야 하는데 상품의 응용이라고는 찾아볼 수 없는, 호스트의 단순한 상품 자체 시식만으로는 시청자들을 유혹할 수가 없었다. 시청자들의 군침을 돌게 하지 못했는데 방송 매출이 잘 나왔을 리가 없다. 우리가 최선을 다한들 준비가 미흡하면 어쩔 수가 없다. 다시 한번 말하지만 적어도 나에게는 방송을 위해 많은 비용을 지불하고 입점한 협력사가 의욕 없이 방송 준비를 하는 것만큼 이해되지 않는 것이 없다.

가끔은 무례한 협력사들을 만나 마음이 편하지 못할 때도 있다. 종종 자신들의 많은 방송 경험을 토대로 최적의 방송을 미리 구상해서 오는 협력사들이 있다. 자신들이 더 상품에 대해 해박하기 때문에 상품을 돋보이게 할 방송의 흐름을 제안하는 것은 나도 충분히 이해한다. 하지만 그걸 넘어서 방송의 모든 순서와 시연의 종류, 호스트의 멘트, 심지어 사용할 음악까지 전부 정해서 이대로 해달라고 하면 정말 난감하다. 나는 방송을 위해 비용을 지불하고 들어온 협력사 직원분들의 의견을 최대한 존중하자는 주의지만, 회사의 방송 환경을 고려하지 않고 자신들 취향대로 방송을 대본처럼 촘촘하게 짜 와서 그대로 해달라는 건 PD로서 자존심 문제라기보다는 말로 하는 것을 현실적으로 구현하기가 불가능한 부분들이 많아 문제가 된다. 아무리 차근차근 그렇게 하는 것이 불가능하다고 설명해도 마치 PD가 방송에 대한 의욕이 없고 능력이 부족하며 복잡하게 하기 싫어서 핑계 댄다는 식으로 이야기하는 협력사 직원분에게 무례함을 느낀 적이 있다. 나도 사람인지라 이런 협력사의 방송은 정말 애정이 떨어진다.

내가 10년 동안 딱 한 번 협력사에 쓴소리를 한 적이 있는데 지금도 그때를 생각하면 한숨만 나온다. 결론부터 이야기하면 '말만 앞선' 스타일인데 회의 때 우리가 지나가는 말로 낸 아이디어도 허투루 듣지 않고 자신감 있게 모든 것이 준비 가능하고 구현 가능하다던 협력사였다. 게다가 의욕도 높아서 자신들이 여러 가지 아이디어를 내고 내가 허락만 해준다면 다 해보고 싶다며 홈쇼핑 최고의 방송이 될 것이라고 자화자찬까지 했다.

방송 당일 5분이면 설치된다던 특별 스튜디오는 방송 시간이 임박하여 호스트가 마이크 테스트를 끝낼 때까지 설치 중이었다. 그뿐 아니라 제품의 특징을 살리기 위해 나와 호스트, MD 모두 꼭 필요함을 느껴 가지고 와달라던, 심지어 협력사 직원분들이 그거 하나만큼은 걱정하지 말라며 큰소리 떵떵 친 시연 장치는 방송이 시작되도록 스튜디오에 도착하지 않았다. 잠시만 기다려달라던 이야기만 수없이 하던 협력사가 방송 10초 전 모두가 긴장한 스튜디오에 헐레벌떡 가지고 들어와 막무가내로 "어디다 놓을까요?" 하고 묻는 모습에 나도 모르게 안 쓸 거니까 가지고 나가시라고 쓴소리를 해버렸다. 준비가 엉망이었는데도 신기하게 매출은 목표 대비 80% 정도를 달성했고, 간신히 화를 참고 있던 나는 시연 장치만 두게 해줬으면 목표를 100% 달성했을 거라는 협력사의 말에 MD가 만류할 정도로 협력사의 준비 미흡에 대해서 조목조목 이야기를 토해냈다.

뿐만 아니라 다른 홈쇼핑에서 잘 나가고 있어서 목에 힘이 잔뜩 들어간 채로 회의 시간이 훌쩍 지난 뒤 말없이 들어와 '그래 어디 한번 얼마나 잘하나 보자'는 식의 태도를 취하는 협력사, 매출이 자신들의 예상만큼 안 나왔다고 MD에게 PD와 호스트 탓만 잔뜩 하고 리뷰 회의 없이 쌩하니 가버리는 협력사(보통 방송이 끝나면 PD, 호스트, MD, 협력사가 간단히 방송 리뷰 회의를 하고 그것을 토대로 다음 방송 전략을 짠다), 회의 때 모두가 협의한 내용을 깡그리 무시하고 자신들 마음대로 준비하는 협력사 등을 만나면 PD로서 가끔은 방송하기가 너무 힘들고 속상할 때가 있다.

홈쇼핑 종사자로서 협력사 직원분들은 하나하나 소중한 고객들이다. 오랜 시간 일을 하면서 협력사 직원분들과 관련된 기억을 되짚어보면 안 좋은 기억보다는 좋은 기억들이 훨씬 많다. 예의상 하는 말이라도 방송 스타일이 맞아 나하고만 방송하고 싶다던 건강식품 협력사 직원분들, 처참한 매출에도 안 좋은 상품 때문에 오히려 고생했다고 미안해하며 나를 위로하던 청소용품 협력사 직원분들, 지금은 나와 방송을 하지 않지만 가끔 회사에서 만나면 나와 꼭 다시 방송하고 싶다며 반가워해주는 협력사 직원분들 모두 나에게는 감사하고 소중한 분들이다.

PD로서 많은 방송을 진행하며 협력사 직원분들과 같이 열심히 준비해서 멋진 방송과 훌륭한 매출을 만들어 보람차고 기분이 좋을 때도 있고, 준비는 열심히 했지만 방송은 미흡하고 매출은 부진해서 협력사분들께 죄송한 적도 많다. 어떻게 보면 하나의 결과를 위해 다 같이 노력하며 그 결과에 함께 책임을 지는 운명 공동체인 것이다. 더군다나 좋든 싫든 다양한 협력사와 방송을 같이 하며 호흡을 맞추고 서로 신뢰를 쌓으면서 내가 PD로서 성장하고 발전하고 있음을 느낀다.

많이 사라졌다고는 하지만 협력사에 대한 홈쇼핑의 갑질은 여전히 일부에서 존재하며 당연히 없어져야 할 문제지만 홈쇼핑과 협력사의 관계가 단지 '갑질', '갑을 관계'라는 단어로 단정 짓기에는 많이 아쉽다고 개인적으로 느낀다. 기본적으로 좋은 방송과 매출을 보장하는 홈쇼핑과 그것을 믿고 좋은 상품을 좋은 조건에 제공하는 협력사의 선순환 사례가 훨씬 많음을 홈쇼핑을 이용하는 고객들에게도 당당히 알리고 싶다.

직업적 특성으로 파헤쳐보는

# 홈쇼핑 PD의 삶

# 홈쇼핑 PD 면접에
# 반드시 나오는 질문들

현직 홈쇼핑 PD들 모두가 처음부터 홈쇼핑 PD를 꿈꾸지는 않았을 것이다. 방송국 PD의 꿈을 키우며 취업 활동을 하던 중 홈쇼핑 PD의 길로 들어선 사람도 있을 것이고, PD라는 직업에 관심도 없다가 우연한 기회에 취업이 되어 홈쇼핑 PD로서의 삶을 시작한 사람들도 있을 것이다. 앞서 밝혔듯 나는 홈쇼핑에 대해 무지했고 그저 PD로서 일할 수 있는 기회를 찾다 덜컥 홈쇼핑 PD가 되었다. 긴장되는 면접장, 말로 떠드는 것에는 자신이 있던 나는 어떤 질문에도 막히지 않고 대답하리라 다짐했지만 면접관의 예상치 못한 첫 질문에 그만 말문이 턱 막혔다.

"일반적으로 사람들이 생각하는 PD와 홈쇼핑 PD의 차이는 뭐라고 생각하세요? 방송국 PD와 다르게 홈쇼핑 PD에게는 어떤 역량이 있어야 할까요?"

방송국 PD의 역할이나 역량에 대해 물어봐도 완벽하게 대답할 수 있을지 미지수였는데 하물며 평생 생각해보지 않은 홈쇼핑 PD의 특성을 설명해보라니! 오래된 일이라 기억이 나지는 않지만 분명 쩔쩔매며 짧은 지식을 총동원해 특색 없는 평범한 대답을 했을 것이다. 어찌 보면 지금 이 자리에 있는 게 다행일 정도로.

사실 직업을 이야기해야 하는 자리에서 PD라고 나를 소개하면 모두 어느 방송국인지 물어본다. 홈쇼핑 PD라고 하면 또 홈쇼핑 PD는 무슨 일은 하는지, 방송국 PD와 비슷한지 질문이 돌아온다. 이럴 때는 누구나 잘 아는 직업을 가진 사람들이 부럽기도 하고 내 직업에 대해 구구절절 이야기해야 하는 것이 민망하기는 하지만 수없이 되풀이한 나의 대답들 덕분에 지금은 홈쇼핑 PD가 어떤 일을 하는지, 방송국 PD와 어떻게 다른지 굉장히 심플하고 정확하게 이야기할 수 있다.

혹시 홈쇼핑 PD로 취업하고 싶은 독자가 있다면 앞으로 몇 페이지는 집중해서 읽기를 권한다. 홈쇼핑 PD로 면접을 보게 된다면 80% 이상의 확률로 이 질문이 나오고 내 다년간의 경험을 통해 완벽하다고 말해도 자신 있을 정도로 그 질문에 대한 답변을 정리해두었기 때문이다.

# 시청률을 잡을 것인가
# 매출을 잡을 것인가

PD로서 공통점은 방송 프로그램을 기획하고 진행한다는 것이다. 하지만 방송국 PD와 홈쇼핑 PD는 방송에 대한 접근 방식부터 차이가 있다. 일반적으로 생각하는 방송의 성공 기준은 당연히 시청률이다. 모름지기 유능한 PD라면 많은 사람들이 시청하고 방송이 끝나면 이슈가 되는 프로그램을 만들어야 한다. 최근에는 본방 사수의 개념이 희미해지고 TV 외에도 방송을 볼 수 있는 방법이 다양해져서 예전에 비해 볼륨이 줄었다고는 하지만 여전히 시청률만큼 중요한 것이 없다. 그 시청률에 비례해 광고의 개수와 광고의 단가도 정해지니 그 이상 중요한 것은 없다. 그러다 보니 방송국 PD들은 어떤 프로그램을 만들면 얼마나 많은 시청자들이 방송을 볼지, 또 시청자들이 얼마나 프로그램에 애착을 가지고 꾸준히 시청하고 이슈를 생산해낼 수 있을지를 고민한다. 그래서 방송국 PD는 신선하고 재미있는 소재를 발굴하고 기획하는 능력, 시청자들에게 호감을 주면서도 역량이 있는 출연진을 섭외하고 활용하는 능력, 때로는 조작이라는 비판을 들을지언정 극적인 연출을 구성하는 역량이 중요하다.

방송국 PD에게 시청률이 중요하다면 홈쇼핑 PD에게는 매출이 전부다. 실제 홈쇼핑 방송은 시청률이 평균적으로 1%가 채 되지 않는다. 그래서 회사에서 프로그램에 부여하는 여러 가지 목표 중에 시청률은 없다. 즉 시청률이 90%가 나와도 매출이 안 나오면 홈쇼핑에서 그 방송은 실패한 방송이다. 물론 많은 시청자가 방송을 보면 그만큼 상품을 구매할 확률도 높아지겠지만 결과론적으로 매출만 달성한다면 1명이 본다 한들 아무런 문제가 되지 않는다. 뭔가 구매할 목적이 아니라 그저 여가 활동으로 TV 시청을 하는 사람에게 상품을 판매하는 것은 쉬운 일이 아니다. 그래서 홈쇼핑 PD들은 보통 시청자들이 집에서 편하게 누워서 TV를 보다가 갑자기 마트나 백화점으로 끌려 나오면 어떤 심정일지 연구하며 그런 사람들이 어떻게 구매 결정을 하게 만들지 고민한다.

유명 브랜드 기타를 판매하는 방송에 전설로 불리는 기타리스트가 출연한 적이 있다. 홈쇼핑에 출연할 것이라고는 누구도 예상하지 못한 분이었고 방송 중 기타의 우수함을 강조하기 위해 여러 번 기가 막힌 연주를 했는데 이 영향 때문인지 그 방송이 다른 무수한 프로그램을 제치고 동시간 시청률 7위를 기록했다. 홈쇼핑 방송이 동시간 시청률 순위권에 들어가는 것 자체가 드문 일이라 회사에서도 이슈가 되었는데

정작 판매가 부진하여 오히려 알맹이 없는 방송이라는 평가를 받았다.

반대 케이스로 야심한 새벽에 고가의 교육 이수 프로그램을 판매한 적이 있는데 딱 100명만 구매하면 목표를 달성하는 방송이었다. 모두가 잠든 새벽이었고 특정 시청자들만 흥미가 있을 방송이라 총 시청자 수가 어지간한 유튜브 라이브 방송보다 적었다. 만약 방송국이라면 다시없을 참사겠지만 다행히도 목표를 달성하여 어려운 시간임에도 선방한 좋은 방송으로 평가받았다.

그래서 홈쇼핑 PD는 앞서 말한 시청자들이 방송을 많이 보게 하는 것에 더하여 어떻게 하면 시청자들을 실제 구매 행동으로 이어지게 할지를 더 많이 고민한다. 따라서 기본적인 PD의 역량에서 방송 소재와 출연진 섭외 등에 관한 역량을 조금 빼고 상품에 대한 이해력과 판매에 적합한 방송 연출 역량을 조금 더하면 된다. 방송국 PD가 '100% 연출가'라면 홈쇼핑 PD는 50% 연출가와 50% 세일즈맨이 섞여 있다고 보면 정확할 것이다.

아주 가끔 연출 욕심을 버리지 못하고 예술을 하다가 방송을 망치는 홈쇼핑 PD가 있다. 사실 초창기 내가 그랬다. 한창 욕심이 많던 햇병아리 시절 뭔가 보여주고 싶다는 마음에 방송을 망쳐버린 적이 있다. 중요한 장기 렌터카 특집 방송 때 지금껏 보지 못한 장면을 만들겠다며 스튜디오를 레이싱장처럼 만들고 마치 레이싱 경기를 보는 듯한 연출을 구상했다. 호스트에게 레이서 복장을 입히고 레이싱걸도 섭외하고 경기장에 멋지게 자동차를 놓아두고 시청자에게 차량을 이용하고 싶은 욕구를 자극해보고자 했다. 기세등등하던 나의 머릿속에서는 이미 방송이 끝난 후 내 방송이 얼마나 이슈가 될지, 혹여 다른 회사에서 나를 모셔가려고 얼마나 경쟁할지 등 말도 안 되는 상상의 나래가 펼쳐졌다.

하지만 방송 당일, 협소한 스튜디오는 아무리 꾸며도 생각하던 레이싱장 느낌은 나지 않았고 겨우 설치한 트랙 하나와 관중 모습을 프린트한 현수막은 그 허접함을 더했다. 레이싱 복장을 입은 호스트는 왠지 신뢰감이 없어 보였고 상품과 아무런 상관이 없는 레이싱걸은 방송을 더 정신없게만 만들었다. 그저 화려한 연출만 보여주려 한 방송은 정작 필요한 상품에 대한 정보는 제대로 전달하지 못하고 산만한 분위기 속에서 끝나버렸다. 물론 매출은 참혹할 만큼 낮았고 더 비참한 것은 그 난리블루스 속에서 시청률마저 바닥을 기었다는 것이다. 이 방송 직후 우리는 상품을 팔아야지 예술을 하면 안 된다며 팀장님과 선배 PD들에게 크게 혼이 났다. 물론 매출이 인격인 홈쇼핑이므로 만약 매출이 좋았다면 아마 홈쇼핑의 패러다임을 바꾼 훌륭한 PD로 기억되지 않았을까.

# 녹화 장인과
# 순발력의 달인

방송을 한다는 점에서 방송국 PD와 홈쇼핑 PD가 하는 일은 크게 다르지 않다고 할 수 있다. 하지만 좀 더 세부적으로 보면 방송 포맷도 다르고 여러 가지로 차이가 있다.

음악 방송이나 스포츠 방송 등과 같이 실시간 생방송이 방송국에도 있지만 대부분의 방송은 야외나 스튜디오에서 촬영한 후 편집해서 내보내는 녹화 방식이다. 경우에 따라 다르겠지만 PD가 지휘해야 하는 출연진과 스태프도 많고 촬영 시간과 편집 시간도 길다. 그래서 촬영본도 비교적 방대하고 편집과 자막 처리 작업 등의 후반 작업에도 시간이 많이 걸린다. 이렇듯 방송국에서는 고되게 일하는 PD들이 많다. 또한 현장에서 생각지도 못한 변수를 만나거나 촬영 결과물이 마음에 들지 않는 경우도 종종 있어 현장 조율이나 후반 작업에서 PD가 역량을 많이 발휘해야 한다. 그래서 방송국 PD는 항상 촬영의 전체적인 순서와 큰 그림을 생각하고 앞뒤 장면의 흐름을 파악하며 필요한 상황을 이끌어낸다. 개인적으로 그렇게 대규모 촬영진과 장시간 촬영을 하면서도 어떤 결과물을 만들지 머릿속으로 빠르게 계산하는 방송국 PD를 대단하다고 생각한다.

방송국 PD가 녹화의 장인이라면 홈쇼핑 PD는 순발력의 달인이다. 홈쇼핑 방송은 대부분 생방송이다. 방송국과는 비교가 안 되게 스튜디오가 작고 스태프나 출연진도 단출하지만 규모가 작아 운영하기 쉬울 거라고 생각하면 오산이다. 짧게는 40분 길게는 3시간까지 하나의 생방송이 진행되는데 실시간 방송이다 보니 PD는 단 1초라도 긴장을 늦추면 안 된다. 방송의 흐름이 끊기거나 예상치 못한 상황이 발생하지 않도록 최선을 다한다.

생방송 중 호스트의 멘트 실수라든가 시연 실수, 카메라 구도 실수, 커팅 실수 등은 모두 여과 없이 시청자들에게 전달된다. 이런 것은 방송 사고라는 명목으로 누구의 실수인지 불문하고 모든 책임을 PD가 진다. 그래서 홈쇼핑 PD는 방송에 들어가기 전 완벽에 가깝도록 동선을 짜고 호스트 멘트를 체크하고 리허설을 하며 변수 발생 가능성을 줄인다.

하지만 아무리 철저히 준비하더라도 호스트의 예상치 못한 멘트나 약속한 곳에 놓여 있지 않은 아이템, 준비한 영상의 오류, 카메라 감독과의 사인 미스 등 돌발 변수가 심심찮게 발생한다. 그러면 PD는 아주 짧은 시간에 상황 판단을 하고 다른 대안을 생각해서 스태프들에게 알려줘야 한다. 그래서 홈쇼핑 PD에게 순발력은 정말 필수 덕목이고 베테랑 홈쇼핑 PD는 어지간한 방송사고는 눈썹 하나 까딱하지 않고 대처하는 수준까지 오른다.

한번은 주방용 칼 세트 방송을 하는데 여느 때처럼 칼의 우수성과 활용도를 보여주기 위해 호스트가 여러 가지 음식 재료를 송송 썰고 있었다. 그런데 양념도 없는데 자꾸 재료에 빨간 물이 드는 게 아닌가. 알고 보니 호스트가 칼로 재료를 썰다가 그만 손가락을 베인 것이다. 극한의 프로 정신을 발휘하여 호스트는 아무렇지도 않은 듯 계속 방송을 진행했지만, 카메라 감독도 당황하여 호스트 손에서 피가 많이 난다고 인터컴으로 반복해서 알려주고 육안으로도 손을 다친 것이 보여 결단이 필요했다. 사람이 다쳤는데 방송이 대수인가. 당장 방송을 영상으로 돌리고 호스트가 치료할 시간을 벌었다. 호스트의 설명과 구매 독려가 없어지자 판매량은 급속도로 떨어졌고 다들 초조해졌지만 나는 호스트를 완벽하게 치료하는 것이 우선이라고 판단했다.

잠시 후 손가락에 밴드를 붙이고 온 호스트는 정중히 시청자들에게 자신의 실수로 살짝 손을 베어 자리를 비웠다고 상황을 설명했고 다시 차분히 방송을 진행했다. 해프닝이 있었음에도 다행히 매출은 목표를 달성했고 호스트는 나중에 나에게 빠른 판단으로 치료할 시간을 벌어준 것에 대해 고마워했다.

대한민국에서 정말 유명한 영어 강사가 홈쇼핑에서 영어 학습 프로그램을 인기리에 판매하고 있다. 자신도 방송에 출연해서 학습 프로그램의 원리 등을 직접 설명하고 짧은 강의를 선보이며 그 신뢰도를 더하는데 보통 영어 학습에 대한 욕구가 가장 큰 연말에 전략적으로 방송도 자주 하고 좋은 조건도 선보인다.

여느 때처럼 연말을 맞아 방송을 하는데 소위 말하는 성수기인데도 방송 내내 매출이 시원찮았다. 실시간으로 매출 상황을 보는 영어 강사 역시 애타는 마음에 목청을 더욱 높였는데 엎친 데 덮친 격으로 학습용으로 제공하는 전자기기가 제대로 작동하지 않았다. 학습 프로그램이 내장되어 방송 시 시청자들에게 프로그램 소개 겸 시연용으로 가장 자주 보여주는 것인데 하필 이럴 때 고장이 나다니. 방송 종료까지 10분도 남지 않은 시점에서 호스트와 영어 강사는 이 전자기기를 교체해서 한 번 더 설명하자고 했고, 나는 방송이 곧 끝나니 차라리 시청자들에게 생각하고 구매할 수 있는 시간을 충분히 주자고 했다.

여기서 한 가지 재미있는 점은 홈쇼핑 방송은 하나도 예외 없이 이런 논의가 차분히 시간을 두고 이루어지지 않는다는 것이다. 생방송을 중단하고 회의 후 다시 방송을 하는 것이 아니기 때문에 생방송 도중 잠시 영상이 나가는 1분 이내에 모든 것을 결정해야 한다. 이 방송 역시 잠깐 논의한 후 호스트와 영어 강사는 결국 나에게 최종 판단을 맡기겠다고 했고 나는 잠시 고민한 후 나의 의견대로 방송을 마무리하기로 결정했다.

영어 공부에 대한 필요성을 보여주는 영상과 오늘의 조건에 대한 정보가 출연진들의 멘트와 함께 반복적으로 노출되었고 방송이 곧 끝난다고 계속 이야기했다. 우리의 전략이 적중했는지 끝나기 5분 전부터 상담원이 부족할 정도로 주문이 몰렸고 방송이 끝날 때쯤 목표한 매출을 달성할 수 있었다. 방송이 끝난 후 영어 강사는 짧은 찰나에 나의

판단이 좋았다며 칭찬했는데 만약 결과가 정반대였다면 나는 홈쇼핑
방송에 대한 감각과 순간적인 판단력이 없는 PD로 낙인이 찍혔을 것
이다. 정말 홈쇼핑 생방송은 매 초마다 판단과 선택의 연속이다. 우리
는 자연히 순발력의 달인이 되어간다.

# 스포트라이트 받는 주인공,
# 보이지 않는 영웅

일반적으로 방송국에서 한 프로그램이 인기를 끌면 가장 주목받는 사람은 역시 출연진이다. 한 프로그램을 통해 스타들이 인기를 더욱더 공고히 하기도 하고 생각지도 못한 깜짝 스타가 탄생하기도 한다. 그리고 그다음이 아마 PD일 것이다. 심심찮게 PD의 연출이나 기획의도가 시청자들의 관심을 받기도 하고 프로그램에 출연까지 하며 감초 역할을 톡톡히 한다. 꾸준히 프로그램이 인기를 끌면 스타 PD가 탄생하여 특정 PD의 프로그램은 믿고 보는 팬덤이 생기기도 한다. 가끔은 출연하는 연예인은 몰라도 담당 PD는 누군지 아는 프로그램들도 몇몇 있다. 그래서 한 프로그램이 높은 시청률을 기록하거나 이슈가 되면 방송국에서 가장 스포트라이트를 받는 사람은 (직원이 아닌 출연진을 제외하고) PD다. 유능한 PD들이 높은 몸값을 받으며 이직하는 경우만 봐도 방송국에서 PD의 위상은 높다.

반면 홈쇼핑에서 한 프로그램이 대박 난다면 어떨까? 방송국처럼 PD가 많은 스포트라이트를 가져갈까? 천만의 말씀. 가장 먼저 높은 매출을 기록한 상품과 협력사가 주목을 받는다. 모두가 대체 어떤 상품이기에 시청자들을 사로잡았는지 궁금해한다. 실제 종종 뉴스 기사로 홈쇼핑에서 이슈가 된 방송을 접할 수 있는데 대부분의 지면이 상품에 대한 소개로 채워진다. 꾸준히 좋은 매출을 기록하는 상품들은 홈쇼핑 내에서도 주목을 받으며 드물게 협력사를 회사로 초대해 전체 직원들에게 소개하고 상품에 대한 설명을 듣는 시간을 갖기도 한다.

몇 년 전 크게 유명하지 않던 기능성 샴푸가 홈쇼핑에서 그야말로 초대박을 쳤다. 잘 팔린 수준이 아니라 한 MD 팀의 분기 매출과 비슷한 수준의 매출을 이 기능성 샴푸가 달성해버리는 바람에 한동안 온 회사가 이 샴푸 이야기로 들썩거렸다. 이 샴푸의 특성부터 판매 기법, 방송 등 모든 것이 연구 대상이었고 협력사는 회사의 각종 행사와 프로그램에 초대되어 그들의 성공스토리를 공유했다. 이렇게 이슈가 되어도 다들 이 샴푸의 이름과 특성은 기억하지만 그 샴푸 방송을 담당한 PD는 기억하지 못한다. 나 역시 이 방송에 배정된 후에야 기존 방송을 어느 PD가 진행했는지 알 수 있었다.

대박 난 상품과 협력사가 스포트라이트를 받고 나면 그다음은 최전선에서 고객들에게 그 상품을 판매한 호스트다. 방송이 끝난 후 매출이 좋으면 방송 리뷰 회의 때 제일 공치사를 받는 사람이 바로 호스트다. 한 시간의 방송을 긴장하며 지켜본 협력사와 MD는 호스트의 어떤 멘트와 어떤 시연이 좋았는지 그리고 그것이 시청자들의 구미를 얼마나 당기게 했는지 입에 침이 마르도록 칭찬한다. 특히 협력사는 호스트의 좋은 멘트는 메모해두었다가 다른 홈쇼핑사에 가서 동일한 멘트를 해달라고 부탁할 정도다. 회사에서도 꾸준히 좋은 매출을 달성하는 호스트는 좋은 혜택을 주면서 관리한다. 유일하게 TV를 통해 시청자들과 마주 보며 말 한마디, 행동 하나가 매출에 영향을 줄 수 있는 호스트가 방송의 꽃임은 부정할 수가 없다.

이제 PD냐고? 아직 멀었다. 히트 상품을 먼저 알아보고 그 상품을 소싱한 MD가 그다음 스포트라이트를 가져간다. 가끔 매출이 아주 안 좋은 방송을 리뷰하다 보면 방송의 변화나 판매 조건을 개선하는 것만으로는 뚜렷한 매출 성장이 기대되지 않는 상품들이 있다. 말 그대로 상품 자체가 시청자들에게 매력이 없는 상황인데 이런 경우에 협력사는 눈물을 머금고 홈쇼핑을 떠나야 할 때도 있다. 이런 상황이 종종 있기 때문에 상품을 보는 MD의 안목은 정말 중요하다.

실제 상품의 방송이 확정되고 PD와 호스트를 만나기 전에는 MD가 거의 모든 일을 한다고 할 수 있다. 협력사의 제안을 받고 검토해본 뒤 조건만 협의한 후 방송을 하는 간단한 상황도 많지만, MD가 매의 눈으로 상품을 발굴하고 홈쇼핑에 관심이 없는 협력사를 여러 차례 설득한 뒤 마침내 입점시키는 데 성공하고 협력사와 치열한 판매 조건을 협의한 후 어렵사리 방송이 확정되는 경우가 훨씬 많다. 그렇기 때문에 자신의 경험과 안목으로 상품을 발굴하여 그것을 성공시킨 MD는 칭찬받아 마땅하다. 홈쇼핑에서 성공적으로 자리를 잡으면 협력사가 가장 고마워하는 대상 역시 MD다. 그만큼 홈쇼핑에서 MD의 역할과 영향력은 크다.

굳이 따지자면 PD는 그다음이나 그 다다음 정도 될 것이다. 시청자들이나 회사 내에서도 PD에 대한 주목도는 많이 떨어진다. 그 때문에 방송국 PD와 달리 홈쇼핑 PD는 스타 PD는커녕 이름이 알려진 PD를 찾기도 힘들다. 그래서 일을 할 때 모든 것이 자기 위주로 돌아가야 하고 궁극적으로 자신이 빛나야 직성이 풀리는 사람은 홈쇼핑 PD로 일하다 보면 굉장한 자괴감과 싸워야 할 수도 있다.

자신은 주목받지 못하더라도 묵묵히 카메라 뒤에서 상품과 호스트를 빛나게 만들어줄 수 있고 그들의 성공을 같이 기뻐해줄 수 있는 사람이 진정한 홈쇼핑 PD라고 할 수 있다. 나 역시 이 일에 종사하면서 "제가 뭘 한 게 있나요.", "상품이 너무 좋아 알아서 잘 나갔네요." 같은 말을 입에 달고 산다. 그럼 자신이 하는 일에 보람을 느낄 수가 있냐, 홈쇼핑에서는 PD가 필요 없는 것 아니냐 물어본다면 나는 망설이지 않고 빛이 나지는 않지만 역할은 큰 것이 홈쇼핑 PD라고 대답할 것이다.

입점된 상품을 방송에 적합하게 전략적으로 기획하는 일부터 방송의 큰 흐름 잡기, 스튜디오 세팅하기, 호스트의 동선 정하기, 생방송에서 상품 연출하기 등은 모두 PD의 역할이다. 방망이 깎는 노인처럼 날 것의 상품을 홈쇼핑 방송에 적합하도록 다듬고 다듬어서 좋은 방송을 만드는 것이 홈쇼핑 PD의 보람이다. 그리고 그렇게 묵묵히 좋은 방송을 만들다 보면 MD와 호스트, 협력사가 가장 신뢰하고 고마워하는 존재가 바로 홈쇼핑 PD다. 이렇기 때문에 우리는 자긍심을 가지고 이 일

상품
호스트
MD
스튜디오 DP 됐나요?
음악 감독님
PD
영상 스탠바이 하고요
묵묵히
리허설 들어갑니다.

을 한다.

가끔 PD로서 좋은 방송과 높은 매출이라는 두 마리 토끼를 다 잡고도 그 긍지와 보람을 한 번에 무너뜨리는 말들을 듣기도 한다.

"방송이 뭐가 중요해. 어차피 상품이 좋아서 누가 방송했어도 매출 잘 나왔을 거야."

"홈쇼핑 PD는 무슨 일을 하지? 사실 부조정실에서 운영하는 거 말고 별일 안 하는 거 아니야?"

이런 말을 들을 때마다 우리의 역할이 무엇인지 계속 생각해본다. PD라고는 하지만 방송 연출보다는 세일즈에 더 가까운 직업이고 예술보다는 상품 판매의 최전선에서 고객들을 만나는 우리는 무엇인가. 사람들이 일반적으로 생각하는 PD도 아니고 그렇다고 고객들에게 상품만 파는 세일즈맨도 아니고, 가끔은 우리는 이도 저도 아닌 직업인가 회의감이 들 때도 있다. '좋은 방송은 PD의 연출이 좋은 방송이 아니라 매출이 잘 나온 방송'이라는 평가가 있지만 홈쇼핑 PD는 그런 환경에서조차 개개인만의 연출을 위해 노력하고 우리는 방송국 PD와 세일즈맨의 역량을 모두 갖춘 인재라는 생각으로 열심히 일한다.

세간에서 바라보는 방송국 PD와 홈쇼핑 PD의 위상이야 말도 안 되게 차이가 나겠지만 여전히 홈쇼핑 PD를 꿈꾸는 사람도 많고 홈쇼핑 PD가 필요한 회사도 많다. 어딘가에서 내 직업을 말하면 여전히 "방송국 PD와 비슷한 거예요? 무슨 차이예요?"라는 질문을 많이 받는다. 그럼 나는 이렇게 대답하고 싶다. 우리는 연출과 세일즈 모두 가능한 능력자!

온종일 송출되는 홈쇼핑의 세계

# 24시간 대기조

# 혼자의 삶이
# 익숙해지는 시간

앞서 여러 번 밝혔듯 홈쇼핑은 하루에 20시간의 생방송과 4시간의 재방송으로 24시간 방송을 한다. 최근에 생긴 데이터 방송과 모바일 방송까지 합치면 홈쇼핑 회사 한 곳에서 하루에 100개에 가까운 방송을 송출한다. 그에 더해 녹화 방송이나 촬영까지 더하면 이 회사에서 카메라와 스튜디오 그리고 PD는 쉬지 않고 돌아간다는 뜻이다. 게다가 휴일이나 명절 또한 예외는 아니다. PD 중 누군가는 늘 방송을 위해 회사에 있다는 뜻이다. 이런 빡빡한 근무 환경에서 방송의 필수 요소인 PD는 어떤 삶을 살고 있을까? 나는 홈쇼핑 PD들의 근무 환경이 열악하다거나 힘들다고 이야기하려는 것이 아니다. 실제로 근무 강도가 너무 높다든가 열악하지도 않다. 단지 24시간 방송이 송출되는 회사에서 PD라는 직원들은 어떻게 생활하는지 말해보려고 한다.

　신입사원으로 첫 출근하던 날, 나는 TV에서 보여주는 전형적인 회사의 모습, 정신없이 울리는 전화와 분주하게 돌아다니는 사람들로 붐비는 사무실을 기대했다. 하지만 출근 시간인 9시가 지나도 사무실 여기저기 빈자리가 많았고 출근한 PD들 역시 몇몇은 곧 자리를 비웠다. 드넓은 사무실에 절반이 채 안 되는 사람들만 자신의 일에 집중하고 있었고, 예상과 다른 조용한 사무실에 크게 당황했다.

　특별한 업무가 아니면 PD들은 PD들끼리 일을 하는 경우가 많지 않다. 각자 담당하는 방송 중심으로 업무를 하는데 주로 각 방송을 같이 할 스태프들, 쇼핑호스트, MD 등과 협업을 하기 때문에 대부분 사무실보다는 회의실이나 스튜디오, 외부 촬영장 등에 있는 경우가 많다. 또한 직업 특성상 늦은 밤, 이른 새벽 방송 스케줄이 있는 PD는 그 스케줄에 따라 출근한다. 예를 들어 전날 새벽 2시에 방송이 끝난 PD는 굳이 아침 9시까지 출근하지 않아도 된다. 그리고 새벽 6시 방송을 위해 새벽 4시에 출근한 PD는 점심시간 이후 바로 퇴근해도 된다. 순진했던 나는 '9시에 출근하지 않아도 된다니! 이거 좋은걸?' 하며 얼른 입봉하여 방송을 하면 좋겠다고 생각했다. 물론 자신의 방송을 시작한다는 것이 진정한 고생의 시작임을 모르고.

　홈쇼핑 PD로 일하면서 나에게 생긴 가장 큰 변화는 불규칙한 스케줄과 생활리듬이다. 내 방송이라는 것이 늘 오전 11시, 오후 8시 이렇게 규칙적으로 생기는 것이 아니라 담당하는 아이템에 따라 새벽 6시에 방송하기도 하고 새벽 1시에 방송하기도 하는 등 매우 불규칙하다. 일주일 안에서도 매일매일 방송 시간이 다르다. 어떤 날은 새벽 6시에 출근해 오후 2시에 퇴근하고 어떤 날은 오후 5시에 출근해 새벽 2시에 퇴근하는 불규칙한 스케줄로 생활하다 보면 아무리 오래 일하고 익숙해진다고는 해도 한번씩 몸에서 적신호가 온다.

새벽 6시 방송이 있는 경우는 전날 거의 잠을 이루지 못한다. 새벽 4시까지 회사에 도착해야 하는 부담감은 PD들을 쉽사리 잠들지 못하게 한다. 이리저리 뒤척이다가 잠깐 잠이 들면 방송사고가 나는 악몽을 꾸고 또 깨버린다. 그러다 보면 피로가 가득 찬 상태로 출근하게 된다. 그렇게 방송을 끝내고 오후에 피곤한 몸을 이끌고 퇴근한들 몸의 생체리듬은 바로 잠을 이루지 못하게 하고 사실상 하루를 꼬박 새우고 늦은 저녁이 되어서야 비로소 잠자리에 든다.

새벽 1시 방송은 또 어떨까. 한 시간 방송 후 새벽 2시에 방송을 마치고 정리한 뒤 퇴근하여 집에 도착해서 씻고 잠자리에 들면 새벽 3시 정도가 된다. 바로 잠이 오면 참 좋겠는데 팽팽한 긴장감 속에 방송 진행을 하며 분출된 아드레날린은 한동안 정신을 말짱하게 만든다. 그렇게 또 이리저리 뒤척이다 잠깐 잠이 들면 눈부신 햇살과 다른 이들의 출근 소리에 잠이 깬다. 그렇게 한번 깬 잠은 또 쉽사리 다시 찾아오지 않는다.

PD들은 한 명도 예외 없이 늘 몸 어딘가가 아프다는 말을 달고 산다. 막 입봉한 햇병아리 시절 나는 이 새벽 방송들을 거의 전담하다시피했다. 모두가 곤히 자는 시간대라 매출 목표는 낮고 내부적으로도 기피하는 시간대라 보통 연차가 낮은 PD가 전담하기 때문이다. 새벽에 퇴근할 때면 도저히 바로 잠을 이룰 수가 없어서 TV나 영화를 보며 술을 마시곤 했다. 그렇게 홀로 술잔을 기울이다가 취기가 오르면 비로소 술기운에 잠이 들었다. 이른 오후에 퇴근할 때는 잠깐이라도 자려고 필사적으로 노력하다가 일반적인 직장인이 퇴근하는 저녁시간이 되면 친구들을 만나러 나가거나 회식에 참석하여 늦은 밤 기진맥진한 상태로 돌아와 잠자리에 들었다.

이런 생활이 계속되었으니 건강에 이상이 생길 수밖에 없었다. 얼굴에는 갑자기 적갈색 트러블이 수십 개씩 올라왔고 잠에서 깰 때 두통이 극심했으며 평범한 스케줄을 소화하고 퇴근해도 새벽이 지나도록 잠을 이루지 못하는 불면증이 찾아왔다. 병원에서는 생체리듬이 심하게 망가졌고 극도의 피로로 몸에 이상이 왔다며 질 좋은 수면이 절실히 필요하다고 조언했다. 그 후 나는 침실에 암막커튼을 설치하고 안대와 귀마개를 활용해서 최대한 숙면을 취하려고 노력했다. 다행히 건강은 회복되었지만 아직도 불규칙한 스케줄을 일정 기간 소화하고 나면 어딘가가 아프다.

또한 이런 불규칙한 스케줄은 생활에 직접적인 영향을 미친다. 방송 스케줄 대부분은 최소 일주일 전에 확정된다. 하지만 종종 급하게 스케줄이 변경되는 경우가 있는데 갑작스러운 저녁 방송 배정으로 미리 잡아놓은 약속을 취소하기도 하고 방송이 있어서 시간을 비워놓았는데 갑자기 방송이 취소되어 급하게 약속을 다시 잡기도 한다. 꼭 갑작스러운 스케줄 변경이 아니더라도 홈쇼핑 PD는 주말, 연휴, 명절 등도 어김없이 방송을 해야 하기 때문에 하루 쉬고 하루 방송하는 스케줄에 익숙하다. 홈쇼핑 PD가 1년 중 3일 이상을 마음 놓고 쉬는 시기는 여름휴가 때뿐이다.

이런 스케줄의 불규칙성이라는 직업적 특성이 이유의 전부는 아니겠지만 유독 PD 직군에는 결혼 적령기에 있거나 결혼 적령기가 지났는데도 싱글인 직원이 많다. 나 역시 이런 불규칙한 스케줄로 애정 전선에 위기를 겪은 적이 종종 있다. 갓 신입사원 티를 벗었을 때 PD 선배가 은밀하게 승무원과의 만남을 주선해주었다. 전혀 다른 세상을 살고 있는 사람을 만난다는 기대감에 부풀었고, 약속을 잡기 위해 일정을 조율하려고 연락할 때도 상냥하고 따뜻한 상대방의 말투와 응대에 나는 이미 장밋빛 미래를 상상하는 수준까지 이르렀다.

그런데 상대방의 비행 스케줄과 당시 저녁과 밤에 방송이 많던 나의 스케줄을 고려하여 만날 일정을 정하려다 보니 여간 어려운 일이 아니었다. 상대방이 만날 수 있는 날짜에는 내가 방송이 있고 내가 만날 수 있는 날짜에는 그 사람이 멀리 타국에 있었다. 처음 연락하던 주와 그다음 주는 아예 만날 수 있는 날짜가 없었고 그다음 주에 겨우 일정을 맞춘 게 토요일 새벽 1시였다. 오후 1시가 아니라 새벽 1시! 우리는 서로 참 만나기 어렵다고 허탈한 웃음을 지었고, 얼굴 한번 보지 못하고 끝없이 일정 조율만 하는 데 지쳐 이번 비행 스케줄을 다녀온 뒤 다시 한번 일정을 맞춰보자는 말을 마지막으로 우리는 서로 연락하지 않았다.

한번은 지인 소개로 인연이 닿은 사람과 서로 좋은 감정을 가지고 만나고 있었다. 소위 말해서 썸 타고 있던 그때가 마침 크리스마스를 목전에 둔 시기여서 연말연시를 따뜻하게 보낼 수 있겠다는 생각에 하루하루가 행복하던 때였다. 게다가 상대방은 크리스마스를 아주 의미 있게 생각해서 내심 크리스마스이브 때 내가 로맨틱하게 고백해주기를 바라는 눈치였다. 그런 상대방의 기대가 나 역시 싫지 않았고 크리스마스가 다가올수록 그날의 거창한 일정에 대해 서로 이야기하며 그날을 손꼽아 기다렸다.

호사다마라고 했던가. 크리스마스라고 홈쇼핑이 방송을 쉴 리가 없었고 그 수많은 계획이 무색하게도 크리스마스이브 저녁과 크리스마스 당일 오후에 방송이 생겨버렸다. 나름 회사에서는 기혼자나 공식적으로 연인이 있는 PD를 연말 최고의 이벤트 때 소중한 사람들과 시간을 보낼 수 있도록 배려했고, 나는 당시만 해도 확실한 관계가 아니었기에 공식적으로는 싱글이었다. 그래서 크리스마스 중에서도 가장 메인이라고 할 수 있는 시간에 덜컥 방송이 생겨버린 것이다. 방송이 배정된 마당에 이제 와서 나도 연애 전선에 중대한 위기가 생겼으니 방송을 빼달라고 할 수도 없었고 망연자실한 상태로 이 비보를 상대방에게 전했다. 예상보다 더욱 크게 실망한 상대방은 그때부터 연락을 먼저 하는 횟수도 급격히 줄였고 점점 나를 멀리하더니 연말연시 즈음에 일방적으로 연락을 끊었다.

그 후 나는 방송 때문에 나의 연애 전선이 흔들리지 않도록 필사의 노력을 다했다. 힘든 새벽 방송을 자처하여 데이트 후 피곤한 몸을 이끌고 다시 회사로 와 방송을 진행하기도 하고, 주말 방송 사이사이에 시간을 만들어 만남의 자리를 갖기도 했다. 갑자기 생긴 방송이나 남들이 기피하는 방송이 있을 때면 누구보다 먼저 나서 그 방송을 맡아 해결하고 정말 내게 시간이 필요한 순간에는 모두에게 양해를 구하고 나의 사랑을 지키러 갔다.

나의 각고의 노력에도 많은 인연들은 평일 두어 번의 저녁과 주말 중 하루 혹은 이틀 모두를 방송을 위해 바칠 수밖에 없는 나의 직업상 스케줄을 이해하지 못했고, 물론 이것이 주된 이유는 아니겠지만 그 시기만 달랐을 뿐 모두 나의 곁을 떠났다. 이런 일이 반복되자 나 역시 자연스럽게 연애에 대한 의욕을 점차 잃어갔고 혼자의 삶이 익숙해지며 영원히 싱글로 살아도 괜찮겠다는 생각을 하게 되었다.

# 스릴 넘치는
# 사내 연애

　다른 회사를 오래 다녀보지 못해서 정확히 비교하기는 어렵지만 유독 홈쇼핑 회사에는 사내 커플이 많다. 비단 우리 회사뿐만 아니라 타 홈쇼핑 회사의 이야기를 들어봐도 PD와 호스트, PD와 MD 간 사내 연애가 심심치 않게 있고 PD와 모델 혹은 PD끼리 연애하다 결혼하는 경우도 종종 발생한다. 아무래도 서로의 불규칙한 근무 스케줄을 가까이서 보며 이해하게 되고 같이 늦게까지 남아 있거나 같이 일찍 나오며 전우애를 불태우다가 사랑이 싹트는 것이다.

　일반적으로 사내 연애는 양날의 검이다. 누구나 알듯이 사이가 좋으면 오랜 시간 같이 보고 같은 생활권에 있다는 것이 행복하지만, 다툼이 있거나 나아가 이별까지 하게 되면 그때부터는 더없이 불편한 관계가 시작된다. 게다가 직원들이 둘의 연애 사실을 알게 되면 자주 입방아에 오르게 되고 '회사에서 하라는 일은 안 하고 연애질만 한다'는 전형적인 오명을 쓰게 되는 경우도 있다. 아무리 그렇다 해도 사람의 마음이 가는데 그 누가 막으랴. 사람들의 우려에도 지금도 많은 사내 커플이 직원들의 눈을 피해 스릴 넘치는 연애를 하고 있다.

나 역시 사내 연애에 대한 로망이 있었다. 성격상 낯을 많이 가리고 새로운 사람과 친해지는 데 시간이 오래 걸리는 편이라 대학을 다닐 때도 소개 자리보다는 같은 과나 동아리같이 계속 만남을 유지하던 친구들과 연인이 된 경우가 많은 터라 내심 회사에서도 그런 기회가 있기를 막연히 기대했다. 불행인지 다행인지 그런 기회는 너무 빨리 찾아왔다.

신입사원 시절 군기가 바짝 든 나는 늘 8시가 되기 전에 회사에 출근했다. 딱히 일찍 와서 할 것도 없었던지라 커피나 한잔 하며 사무실을 서성이는 게 다였는데 한 여직원이 늘 나와 비슷한 시간에 출근했고 나와는 다르게 늘 분주히 움직였다. 하루 이틀도 아니고 매일 아무도 없는 텅 빈 사무실에 둘만 출근하다 보니 자연히 서로 이야기도 나누고 도와줄 일도 생기면서 친분이 생겼다. 아침 인사 한두 마디 하던 사이에서 가끔 사내 메신저로 대화하는 사이로 발전했고, 곧 하루 종일 메신저로 대화하며 퇴근 후에는 서로의 연락처로 연락을 이어가는 단계로까지 발전했다.

회사에서 선배들의 눈치를 보며 막내 일을 하던 나에게 그 사람은 출근을 즐겁게 해주는 존재가 되었고, 업무 시간에 잠깐 스파이처럼 서로 약속한 시간에 약속한 장소에서 만나 짧은 대화를 나누거나 간식이나 음료 등을 쥐여주고 뛰어나가는 알콩달콩함을 이어갔다. 죄라도 진듯 멀찍이 거리를 두고 퇴근하여 회사에서 먼 장소에서 다시 만나 데이트를 하며 이런 상황을 꿈에도 모를 직원들을 생각하며 서로 배꼽이 빠지도록 웃었다.

시작이 있으면 끝이 있는 법인지라 오랜 시간이 지나기 전 우리는 몇 번의 다툼 끝에 결국 이별을 했다. 사내 연애의 끝이 더욱 힘든 이유는 모든 감정을 폭발시킨 그다음 날 또다시 상대방의 얼굴을 봐야 한다는 점이다. 일주일 정도만 보지 않아도 마음 정리가 될 텐데 매일 마주칠 수밖에 없는 상황은 서로를 더욱 힘들게 만들었다. 서로 같은 공간에 있어서 시작된 관계기에 이별 후에도 우리는 자주 마주칠 수밖에 없었다. 홀로 타고 있던 엘리베이터에서, 회사 행사에서, 사무실 정수기 앞에서도 마주치며 이미 정리된 관계를 다시 상처 주는 일이 빈번해졌고, 결국 상대방이 계약 종료로 회사를 그만둔 후에야 우리의 관계는 비로소 제대로 정리가 되었다.

불규칙한 스케줄이 연애에 계속해서 걸림돌이 되고 사내 연애 역시 나에게 큰 상처를 안겨주면서 나는 한동안은 연애하기 힘들 거라고 혼자 생각했다. 이런 시간이 2년 정도 지속되면서 혼자인 삶이 편한 지경에 이르렀다.

인연이라는 것은 어떻게든 이어지게 되어 있는 것일까? 친분이 있는 동료가 자신과 친한 여직원을 불러낸 식사 자리에 우연히 동석하게 되었고 그 자리를 인연으로 그 직원과 친분이 생기게 되었다. 신기하게도 몇 번의 연락과 만남을 통해 우리는 연인이 되었고 그때부터 숨 막히는 비밀 사내 연애가 시작되었다. 직원들이 잘 오지 않는 회사 지하

공간은 우리에게 소중한 만남의 장소가 되었고 틈틈이 그곳에서 이야기를 나누며 비밀을 유지했다. 퇴근할 때마다 서로 따로 움직이고 비교적 유명하지 않는 장소에서 데이트를 함으로써 직원들의 날카로운 눈을 피할 수 있었다. 딱히 우리의 사내 연애가 공식화되더라도 개의치는 않았지만 과도한 관심과 오해를 받기 싫었기에 최대한 그런 상황을 피하려고 했다.

그럼에도 몇 번의 위기가 있었다. 한번은 점심시간에 짬을 내 잠시 회사 인근 마트에서 같이 장을 보고 있었다. 점심시간에 그것도 마트에 직원들이 오지 않을 거라는 판단하에 여유롭게 둘러보고 있는데 바로 앞에 회사 직원들이 나타나는 것이 아닌가. 뭐 어쩔 수 없다 생각하던 그 순간 안 그래도 나의 옆에서 잔뜩 주변을 경계하며 따라오던 그 친구가 번개같이 장 보는 사람들 사이로 사라져버렸다. 나를 발견한 직원들이 점심시간에 마트에는 무슨 일이냐며 반갑게 인사할 때 이미 나는 혼자 있었다.

그렇게 위기를 모면하고 얼마 지나지 않아 또다시 큰 위기가 다가왔다. 주말에 모처에서 같이 식사하고 있었는데 갑자기 PD 후배가 여자 친구와 식당으로 들어왔다. 재미있는 건 후배가 바로 내 뒷자리에 앉았는데도 우리를 전혀 인지하지 못했다는 점이다. 심지어 나는 입구를 등지고 있어서 후배가 들어오는 줄 전혀 알 수가 없었고, 내 앞에서 맛있게 식사하던 상대방이 후배를 알아보고 표정이 흙빛으로 변한 다음에야 뭔가 문제가 생겼음을 깨달았다. 후배가 조금만 주의를 기울이면 우리의 존재를 발견할 수 있는 일촉즉발의 순간, 나와 식사하던 그 친구는 과감히 식탁 밑으로 숨었고 잠시 후배의 주의가 분산된 틈을 타 그대로 식당을 나가버렸다.

졸지에 나는 짧지 않은 시간 동안 꽤 유명한 식당에서 혼밥을 하는 사람이 되어버렸고, 분명 둘이 들어왔다가 혼자 밥을 먹고 있는 나를 정말 이상한 눈초리로 보는 사장님을 뒤로한 채 결국 후배에게 들키지 않고 탈출에 성공했다. 나름 사내 연애를 할 때만 느낄 수 있는 스릴이라며 위안을 삼았지만 이런 위기가 올 때마다 피가 바짝바짝 마를 정도로 긴장하고 당황했다. 물론 지금은 우리에게도 직원들에게도 재미있는 추억거리로 남아 있다.

같은 홈쇼핑 회사에 다니며 보고 들은 게 있는지 방송 직군에 대해 완벽하게 이해하지는 못하지만 적어도 나의 불규칙한 방송 스케줄을 이해하는 그 친구는 내가 갑작스레 약속을 취소해도 늘 너그러이 넘어가주었다. 우리가 처음 맞이한 크리스마스이브 때는 나의 방송으로 저녁 식사만 간단히 하고 헤어졌고 모두가 새로운 한 해를 맞이하는 그 순간에도 나는 새해맞이 특집 방송을 하고 있었다. 미안해하는 나에게 그 친구는 항상 홈쇼핑 PD는 어쩔 수 없다며 만나지 못하는 아쉬움보다는 남들이 쉴 때 일하는 내가 힘들겠다며 오히려 나를 위로했다. 그런 일이 반복되며 그전까지 스쳐간 인연들과 달리 우리의 관계는 점점 단단해졌다. 신기하게도 우리가 만난 2년의 시간 동안 회사 직원들 중 우리의 관계를 간파한 사람은 극소수였고 그나마도 둘이 너무 친해 보인다며 고개를 갸웃하는 수준이었다.

좋을 때도 있었고 나쁠 때도 있었지만 서로에 대한 신뢰를 꾸준히

쌓은 우리는 마침내 결혼에 대한 이야기를 꺼냈다. 나의 한 가지 바람이 있다면 바로 일반적으로 생각하는 많은 분들을 초대한 거창하고 화려한 결혼식이 아니라 가족과 친지만을 모시는 작고 소박한 결혼식, 소위 말하는 스몰웨딩을 하는 것이었다. 이것은 내가 홈쇼핑 회사에 입사한 후 일련의 일을 겪으며 형성된 일종의 결심이었다. 홈쇼핑 PD에게 주말은 짧다. 주말에만 40개의 생방송이 진행되는 터라 PD는 주말 중 하루는 꼭 나와서 방송을 하며 밀린 업무도 해결한다. 출퇴근 시간과 방송 스탠바이 시간 및 정리 시간, 실제 생방송 시간을 더하면 사실상 하루는 온전히 업무에 매달려 있는다고 봐야 하고 대체휴일 역시 없기에 PD에게 남은 주말 하루는 소중하다.

하루는 직원 중 한 명이 PD 사무실로 청첩장을 돌리러 왔다. 당사자의 꼭 와달라는 당부의 말과 직원들의 축하 세례가 한바탕 지나간 후 한 동료 PD의 나지막한 말 한마디가 나를 큰 충격에 빠뜨렸다.

"너무하네. 이번 주말에 토요일 하루 쉬는데 그때 결혼식을 하면 어쩌라는 거야?"

생각 없이 장난으로 한 말일 수도 있지만 나 역시 일주일에 하루 있을까 말까 한 온전한 휴일에 결혼식이 있으면 크게 반기면서 참석하지는 않아서 그 동료의 푸념에 공감하기도 하고, 문득 언젠가 내가 결혼하게 된다면 이렇게까지 다른 사람들을 불편하게 하면서 초대해야 할지 생각해보게 되었다.

이 일이 있은 후 결혼식에 갈 때마다 다른 사람들의 반응을 유심히 관찰하게 되었다. 정말 기쁜 마음으로 참석하는 사람들도 있지만 단지 나의 결혼식에 참석해주었기 때문에 혹은 내 결혼식에도 하객으로 올 테니까 같은 이유로 억지로 참석하는 사람들이 많았다. 홈쇼핑 PD 동료들은 짧은 휴일에 짬을 내고 온 만큼 하객 맞이나 식사 등에 대한 기준도 엄격해서 조금만 마음에 안 들어도 결혼식 후 이런저런 이야기들이 많이 나왔다.

그럴 때마다 나는 모두의 행복을 위해 스몰웨딩을 꼭 하고 싶다는 마음을 계속 키워갔다. 일생에 단 한 번뿐인 날이라는 이유로 예식 규모와 하객 숫자에 집착하고 짧은 시간에 쫓기면서 공장에서 찍어내는 듯한 예식을 하고 정신없이 하객들을 맞이하고 싶지 않았다. 그보다는 조촐한 장소에서 정말 우리의 결혼을 축하해주시는 분들을 모시고 도란도란 이야기하듯 예식을 하고 싶다는 나의 말에 다행히 상대방은 물론 양가 부모님 역시 흔쾌히 허락해주셨다.

주말이 아닌 금요일 저녁을 예식 시간으로 정하고 비싸지는 않지만 어여쁜 한복을 한 벌씩 맞추고 직접 웨딩사진을 찍었고, 작지만 조용한 장소를 섭외해 우리가 좋아하는 장식과 꽃으로 꾸몄다. 회사 디자이너가 호의로 정성껏 만들어준 청첩장을 소량만 제작해 가족과 친지분들에게 드리며 결혼을 알렸고, 식전 영상 역시 우리의 추억이 담긴 사진들과 손수 쓴 메시지로 채워 내가 직접 만들었다. 주례를 생략하고 양가 아버님들의 말씀을 듣는 시간으로 채웠고, 축가 역시 양가 어머님들이 평소 즐겨 연습하는 악기 연주와 우리에게 들려주고 싶은 노래로 대신했다. 평소에도 너무 좋아하고 홈쇼핑 방송으로 깊은 인연을 맺은 개그맨분이 선뜻 사회를 봐주기로 해 우리의 예식 준비는 너무나 성공적으로 끝났다.

문제는 비밀 사내 연애를 하고 있었고 연애하는 내내 그 사실이 누설된 적이 없는 터라 결혼 이야기를 어떻게 회사에 알리느냐였다. 미루고 미루다 결혼 한 달 전 동료들에게 그 사실을 알렸을 때 동료들의 반응은 축하보다는 경악에 가까웠다. 내내 연애에는 관심이 없는 것처럼 행동했고 늘 싱글 생활에 대한 예찬론을 펼치던 사람인 데다 결혼 상대가 회사 사람이라니! 진짜냐고 장난 아니냐고 되묻던 동료들은 결혼식이 금요일이고 따로 지인들을 하객으로 모시지 않으며 스몰웨딩을 하여 축하하는 마음만 받는다고 하니 더욱 혼란스러워했다. 회사 내 경조사를 알리는 게시판에 우리의 결혼 소식 글이 올라가자 회사 창립 이래 가장 많은 댓글이 달렸고 역시나 축하와 더불어 놀라는 반응이 많았다.

그렇게 한 달을 정신없이 보내고 결혼식 당일 가족과 친지 40명과 함께 의미 있는 결혼식을 올렸다. 웨딩드레스와 턱시도 대신 한복을 입고 사회자의 훌륭한 진행으로 기본적인 예식을 마치고 3시간여 동안 가족, 친지와 소중한 시간을 보냈다. 여느 결혼식처럼 웃음과 눈물이 교차하고 오신 분들에게 끊임없이 고마움을 전하는 자리였고 아직도 나는 일생에 한 번뿐인 결혼식을 이렇게 한 것에 만족한다.

결혼 후 크게 달라진 것은 없지만 같이 사는 사람이 생기면서 결혼 전에는 느끼지 못한, 나의 빈자리에 대한 책임감이 생겼다. 늘 그랬듯 홈쇼핑 PD답게 늦은 밤 회사에 있는 경우가 많았는데 신혼 초 아내는 홀로 밤을 보내며 자신이 과부 같다는 말을 종종 했다. 가끔은 농담처럼 홈쇼핑 PD를 남편으로 둔 죄라고 했지만 방송 직전까지 통화도 자주 하고 출근 전 문단속이나 집 정돈에도 신경을 많이 썼다.

이제는 시간이 조금 지나 나보다 나의 방송 스케줄을 더 잘 파악하고 외롭다는 말보다는 한 푼이라도 더 벌 수 있게 주말 근무 빼지 말고 하라며 농담하는 아내를 보면 홈쇼핑 산업에 대한 전반적인 지식이 있고 홈쇼핑 PD의 불규칙한 스케줄을 이해하는 사람과 평생의 연을 맺은 것이 참 다행이라고 생각한다. 30여 년 끊임없이 달리던 내 사랑의 기차는 이렇게 종착역을 찾았다.

확 그만둬버려?

# 홈쇼핑 이직 이야기

# 홈쇼핑은
# 매출이 인격이다

직장인이라면 하루에도 몇 번씩 회사를 때려치우는 상상을 한다. 별일 없이 다니고 있을 때도 그러한데 매출 스트레스나 동료들과 불화라도 생기면 정말 당장이라도 퇴직 면담을 신청하고 싶다. 나 역시 너무나 평범한 직장인이라 작은 흔들림에도 곧잘 흥분하여 인사팀을 기웃거린다. 다행히도 홈쇼핑에 대한 애정은 있는지라 이 업계를 떠나기보다는 새로운 회사에서 새로운 도전을 해보고 싶다는 생각을 많이 한다.

홈쇼핑 PD로서 회사를 다니는 게 참 힘들다고 느낀 적이 많은데 곰곰이 생각해보면 그 상황이 몇 개로 특정되어 있다. 가장 먼저 매출에 대한 압박이다. 홈쇼핑 방송은 실시간으로 매출 실적이 나오기 때문에 방송을 위해 내가 한 노력에 대한 평가가 바로바로 나온다. 쉴 새 없이 새로고침을 하며 초 단위로 매출을 체크하는데 생각보다 매출이 부진하면 정말 피가 마른다. 이러다 보니 방송을 할 때마다 긴장의 끈이 팽팽하게 당겨졌다가 방송이 끝나면 풀리는데 이게 여간 스트레스가 아니다. 매출이 인격이라고 아무리 내가 며칠 밤을 새우며 방송을 준비해도 매출이 좋지 않으면 나의 노력은 모두 물거품이 된다. 특히나 의욕을 가지고 열심히 준비한 방송이 예상치 못하게 매출이 저조하면 그것만큼 자괴감이 드는 것이 없다.

게다가 이런 매출 스트레스는 단순히 한 방송의 매출 압박만을 뜻하는 것은 아니다. 꾸준히 낮은 매출을 기록하지만 회사 차원에서 지속적으로 방송해야 하는 아이템을 맡으면 그것만큼 고역이 또 없다. 냉철한 시청자들에게 이미 매력이 없음을 인증받은 아이템임에도 어떻게든 변화를 줄 수 있는 것이 가격 조건을 제외하면 방송뿐이기 때문에 끊임없이 방송을 개선하기 위해 고심해야 한다. 팀장부터 임원까지 이런 상품들은 예의 주시하고 있어서 답이 보이지 않는데도 방송 개선에 대해 보고해야 하고 또 실적이 좋지 않으면 장시간 그 이유를 설명하고 질책까지 받는 상황이 벌어진다. 아이템이 매력이 없는데 방송만의 힘으로 어떻게든 매출을 해보라는 회사의 지시와 힘들게 준비했지만 방송 후 여전히 매출이 저조한 상황은 PD를 굉장히 답답하게 한다. 거기다 운 없이 이런 상품들을 몇 개 전담하다 보면 PD 개인으로서도 매출 실적 관리가 되지 않아 방송 매출 달성률에 근거한 연말 평가에서도 불리한 입장이 되어 스트레스가 여간 심한 것이 아니다.

한번은 회사에서 오랫동안 방송한 아이템이 자연스럽게 물러나야 할 시점이 지났는데도 이름과 기능을 살짝 바꿔 다시 방송하게 되었다.

홈쇼핑에서 수명이 이미 끝난 아이템이라 당연히 시청자들의 반응은 냉담했지만 회사에서는 어떻게든 이것을 살려보라는 지시가 내려왔다. 이 아이템을 위해 특별 TF가 꾸려졌고 나는 원래 업무와 방송을 하면서도 이 TF 업무를 병행하느라 한동안 바쁜 스케줄을 소화하며 의미 없는 회의에 수차례 참석했다. 결국 이 아이템은 부진에 부진을 거듭한 끝에 홈쇼핑에서 완전히 사라졌다. 그런데 이것마저도 나와 TF의 문제로 돌려지며 이직을 진지하게 고민했다.

사람으로 생기는 스트레스 역시 피할 수 없다. 게다가 정말 다양한 사람들을 매일 만나야 하고 의사결정의 마지막 단계에 있는 홈쇼핑 PD는 그 강도가 더 심하다. 먼저 협력사나 MD와의 관계가 있다. 종종 협력사와 MD가 이야기하는 상품의 장점이 너무 생산자적 입장에서 나온 것이라 고객 입장에서는 관심이 없을 것으로 예상되거나 방송에서 소개하기 어려운 것들이 있다. 지금껏 방송을 하면서 쌓아온 PD의 감이라는 것이 만만치 않아서 이런 것들을 대부분 잘 파악하는 편인데, 상품을 만든 협력사와 그것을 소싱해온 MD는 묘하게 같은 편이라 한번에 둘을 설득하는 데 애를 먹는다. 게다가 그들의 요구사항이 방송에 반영되지 않으면, 고집 있고 협력사의 요청을 들어주지 않는 소통이 안 되는 PD로 낙인찍히는 경우도 많아 여간 스트레스가 아니다. 다행히 매출이라도 잘 나오면 상관이 없는데 혹여 매출이라도 안 나오면 PD는 통찰력마저 없는 사람으로 취급받는다. 그러다가 MD나 협력사의 은근한 눈치와 요구로 담당 PD에서 교체되기라도 하면 그렇게 굴욕적일 수가 없다.

모 렌탈 상품 방송을 준비하는데 회의 때 협력사에서 지속적으로 시청자들이 크게 신경 쓰지 않을 만한 제품 생산에 관한 포인트를 강조하며 방송에서 많이 보여주기를 원했다. 어떤 기계로 생산하는지는 그 상품을 만드는 생산자에게는 자부심이자 중요한 포인트지만 시청자들은 대부분 완성품에 집중한다. 즉 이 상품이 어떻게 생산되었는지는 크게 궁금해하지 않고 심지어 그 기계를 스튜디오에서 직접 시청자들에게 소개한들 시청자들이 그 기계가 얼마나 대단한지 어떻게 알겠냐며 몇 번이고 협력사를 설득했지만 그들의 입장은 완강했다.

MD 역시 협력사가 그렇게 원하면 해주는 것이 좋겠다는 입장을 내비쳤고, 내가 거듭 우려했는데도 결국 방송 당일 협력사는 그 기계를 직접 스튜디오로 가져왔다. 황당하게도 스튜디오까지 행차한 그 귀한 기계는 오작동을 일으켜 방송에는 나오지 못했다. 그럼에도 방송 매출은 협력사에게 반성을 촉구하듯이 훌륭한 숫자를 찍었고 협력사와 MD는 방송 리뷰 회의 때 멋쩍은 웃음을 지으며 돌아갔다. 더 기막힌 건 매출이 좋았는데도 협력사가 MD에게 PD가 애초에 저 기계를 방송에 활용할 마음이 없었다면서 불만을 표했다는 것이다. 자신들의 기계가 작동을 하지 않았는데도 말이다.

이 이야기를 MD에게서 전해 듣고 나는 이 상품 방송을 맡지 않겠다고 이야기했지만 한동안은 스트레스를 받으며 방송을 할 수밖에 없었다. 결국에는 좋은 방송을 만들고 다 같이 매출을 잘해보려고 하는 건데 이런 일이 반복되면 퇴사 욕구가 불끈불끈 솟아오른다.

# 권한은 없고 책임만 짊어지는
# PD의 숙명

　홈쇼핑 PD로서 또 힘들 수 있는 부분은 스태프들과의 보이지 않는 기싸움이다. 방송국뿐만이 아니라 영화 제작현장 등 영상을 만드는 곳이라면 어디나 있는 PD 혹은 감독과 스태프들과의 기싸움이지만 홈쇼핑 회사에서는 그것이 조금 더 심하다. 방송국에서는 입봉을 하기 위해 짧게는 3년 길게는 7년 이상의 시간이 필요하다. 입봉하는 데 시간이 오래 걸리지만 그만큼 현장에서 경험을 쌓고 스태프들과 관계를 다져갈 수 있다.

　홈쇼핑 회사는 방송국과는 달리 PD의 입봉 시기가 빠르다. 입사 후 3년이 채 되기 전에 대부분 입봉하여 자신의 방송을 하게 되는데 이때 거의 대부분의 PD가 스태프들과의 관계에서 문제를 호소한다. 어쨌든 PD는 방송의 선장이자 지휘자다. 스태프들이 PD를 믿고 따라주면 문제가 없는데 길게는 몇십 년 동안 같은 일을 하며 자기 업무에 전문성과 자부심을 가지고 있는 스태프들이 갓 신입 티를 벗은 PD의 진행을 신뢰하기가 어렵다는 데서 그 문제가 발생한다.

PD는 PD대로 이제 자신의 방송을 하며 자신만의 색깔을 방송에 입히고 싶고 좋은 방송을 만들고 싶어서 의욕적으로 이것저것을 방송에서 시도해보려고 한다. 하지만 스태프들은 스태프들대로 가뜩이나 PD의 서툰 진행도 불안한데 자신들의 수많은 경험상 방송에서 구현하기 힘들어 보이는 것들을 PD가 요구하니 답답해 미칠 지경이다. 갓 입봉한 PD는 당연히 처음이라 서툴 수 있는데 그걸 스태프들이 이해해주지 않는다고 생각해 스태프들을 마치 고인 물처럼 새로운 것이라고는 전혀 시도해보지 않는 답답한 조직이라고 생각하고, 스태프들은 자신보다 방송 경험이 훨씬 적은 PD가 세상 물정 모르고 날뛰는 것처럼 보여 이해하지 못한다. 다들 성인인지라 싸우지는 않지만 PD는 대놓고 스태프들을 불편해하고 스태프들은 방송 중에 PD의 콜을 무시하는 등 보이지 않는 기싸움이 벌어진다.

나 역시 입봉하고 1년 정도는 스태프들의 노골적인 텃세에 아주 힘들었다. 나이도 어리고 경험도 적어서 따지거나 싸우지는 못했고 방송을 할 때마다 서툰 나의 진행을 답답해하는 스태프들의 모습에 방송에 대한 공포증도 생겼다.

한번은 방송 중에 콜을 실수하여 이후에 나갈 영상 순서가 살짝 엉킨 적이 있다. 사실 생방송을 하다 보면 종종 있는 일인데 영상을 담당하던 스태프가 방송 중임에도 나에게 방송 진행을 뭐 그딴 식으로 하느냐며 대놓고 면박을 주는 바람에 방송이고 뭐고 다 내팽개치고 나가고 싶어 한 적도 있다. 이제는 시간이 많이 지났고 서로 이해하면서 잘 지내는 편이지만, 지금도 가끔 스태프들의 고압적인 태도에 기분이 상할 때가 있고 예전과 달리 나도 이른바 짬밥과 경험이 쌓였기에 만만히 물러나지는 않아 종종 고성이 오갈 때가 있다. 정말 이럴 때는 사람이 싫어서 회사를 그만두고 싶기도 하다.

마지막으로 PD이기 때문에 짊어지는 숙명으로 힘들 때가 있다. PD는 방송에 관련된 모든 요소의 마지막 책임자다. 하다못해 호스트의 의상부터 스튜디오 디자인, 상품 정보 자막, 영상 등 모든 것이 PD의 손길을 거치고 그에 따라 책임도 지는데 이게 가끔 사람을 미치게 할 때가 있다. 어찌 되었건 회사에서는 각자 맡은 역할이 있는데 어디서 오류가 나거나 미흡한 점이 발생하면 결국 PD가 책임을 다 지기 때문이다. 자막 운영자의 실수로 자막이 잘못 나가도 PD 책임, 세트 디자이너의 실수로 스튜디오가 엉망이어도 PD 책임, 영상 편집자의 실수로 영상에 오류가 나도 PD 책임, 정말 어떨 때는 협력사의 실수까지 PD 책임으로 돌려지는 경우가 있다. 사실 같이 일하는 직원들에게 행사할 수 있는 권한은 아무것도 없는데 책임만 다 짊어지는 이상한 구조다.

방송 하나에 협업하는 팀이 열 팀이 넘고 각 팀이 맡은 일을 잘 수행하는 것이 정상인데 다만 PD가 마지막에 방송을 한다는 이유로 모든 방송의 실수가 PD 탓이 된다. PD도 사람인지라 수많은 것들을 챙기다 보면 놓치는 부분이 생기기 마련인데 이런 것들이 잘 넘어가면 문제가 없지만 방송의 중대한 사고로 이어지면 제일 먼저 PD가 추궁당

한다. 앞뒤 맥락은 전혀 모른 채 무조건 "그래도 PD가 챙겼어야지, PD 니까 다 체크해봐야지."라고 덮어놓고 이야기하는 사람들을 보며 면전 에서 욕이 튀어나올 뻔한 적이 한두 번이 아니다. 게다가 그런 사고나 실수가 PD의 잘못이 아닌데도 PD에게 화살이 돌아오면 정말 이 업계 를 떠나고 싶은 심정이다.

# 퇴사와 이직,
# 고민과 용기가 필요한 순간

이렇게 다양하게 퇴사 욕구가 치밀고 이직을 생각하게 되지만 이직하고 회사에 적응하는 데까지 받는 스트레스가 이혼 스트레스와 맞먹는다는 연구결과가 있듯이 이직이라는 것이 그렇게 쉬운 일이 아니다. 그럼에도 매년 많은 PD들이 퇴사를 하고 또 새로 들어오는데 몇 년 전부터 홈쇼핑 채널이 우후죽순처럼 생기면서 이 현상은 더욱 빈번해졌다. 하지만 홈쇼핑 PD는 생방송을 하는 동시에 상품을 다루는 세일즈맨에 가까운 직업 특성상 경험과 노하우를 온전히 살리면서 이직할 수 있는 분야가 조금은 제한적이다.

홈쇼핑 PD의 이직 사례 중 가장 많은 부분을 차지하는 것은 역시나 타 홈쇼핑 회사로의 이직이다. 자신의 업무 노하우를 대부분 살릴 수 있고 익숙한 업무를 그대로 할 수 있다는 점 때문에 가장 보편적인 이직 사례라고 할 수 있다. 주변에서 이직한 동료들의 이야기를 들어보면 조직과 시스템에만 잘 적응하면 예전 자신의 퍼포먼스를 내는 데 문제없고 조금은 단조로운 자신의 커리어에 활력이 되었다고 했다. 그래서 타 홈쇼핑사에 경력직 공고가 뜨면 다들 우리 회사에서 몇 명이 지원했을까 궁금해하기도 하고 회사에서도 인재들이 섣불리 이직하지 않게 미리 단속을 시키기도 한다. 이 케이스가 특별 관리되는 이유는 비슷한 시기에 여러 명이 한꺼번에 빠져나갈 수 있기 때문이다.

얼마 전 데이터 홈쇼핑 회사들의 PD 구인 공고가 계속 올라왔는데 우리 회사에서도 2주 간격으로 서너 명이 한 번에 이직하여 분위기가 뒤숭숭했다. 일부 사례로 평판이 좋은 PD는 이직할 생각이 없거나 직접적으로 이직 의사를 밝히지 않았더라도 먼저 이직한 동료의 추천으로 타 홈쇼핑 회사로부터 스카우트 제의를 받기도 하고 헤드헌트 업체를 통해 제의받기도 한다.

흥미로운 이직 사례 중 하나는 홈쇼핑 회사 여러 곳에서 방송하는 협력사 직원들의 입소문을 통하는 것이다. 방송 준비 회의 중 이런저런 이야기를 하는 경우가 있는데 여러 홈쇼핑 소식에 정통한 협력사 직원들이 가끔 "○○ 홈쇼핑 ○○ PD가 참 방송도 잘하고 성실하던데."라고 정보를 줄 때가 있다. 그러면 그 PD는 회사의 잠재적 스카우트 리스트에 오르게 되어 스카우트 제의를 받기도 한다.

또 다른 사례 중 하나가 협력사로의 이직이다. 보통 홈쇼핑 PD는 주로 담당하는 카테고리나 아이템이 정해져 있다. 근무 스케줄이나 회사 방침에 따라 조금씩 바뀌기도 하지만 보통 특정 아이템의 방송을 자주

하는 편이다. 그러다 보니 PD의 방송 연출, 실적, 요청사항 반영 여부 등에 따라 PD와 협력사의 관계는 아주 돈독해질 수도 있고 돌이킬 수 없는 관계가 될 수도 있다. 간혹 협력사에서 자기 방송에 특정 PD의 배정 혹은 배정 제외를 간접적으로 요청하기도 한다. 그런데 자주 방송하는 PD가 소통이 잘되고 방송 연출이나 실적 역시 꾸준히 좋으며 상품에 대한 이해 능력이나 콘셉트 도출까지 훌륭하다면? 협력사 측에서 오랫동안 지켜보고 자기 회사에 도움이 될 것이라 판단되면 PD에게 자기 회사로 이직하라고 권하는 경우가 있다. 그 자리는 회사 내 영상 제작, 상품 소싱, 컨설팅 등 다양하며 대부분 좋은 조건으로 이직한다.

꾸준히 방송하며 좋은 관계를 맺어온 협력사 직원분들과 저녁식사 자리를 가진 적이 있다. 서로 노고를 치하하며 화기애애한 분위기에서 식사하고 있는데 예고 없이 협력사 대표님이 오셔서 동석하게 되었다. 처음 뵙는 자리인데도 나에 대해 이것저것 물어보시더니 헤어질 때쯤 괜찮으면 자신의 회사로 오는 건 어떠냐는 이야기를 넌지시 했다. 당시 에는 너무 갑작스럽기도 했고 나름 홈쇼핑 PD로서 재미를 한창 알아 가던 시기라 정중히 거절했다.

사실 나도 그렇지만 홈쇼핑 PD 중 과거 영화감독을 꿈꿨거나 연출 에 대한 욕심이 있는 PD가 있다. 홈쇼핑 방송 역시 연출이 중요하지만 아무래도 상품 판매에 비해 우선순위는 아니다 보니 이런 PD에게는 채워지지 않는 연출에 대한 갈증이 늘 있다. 이런 아쉬움이 잘못 발현 되어 홈쇼핑 생방송 연출에 악영향을 미치기도 한다. 이런 홈쇼핑 PD 가 프로덕션 쪽으로 이직하는 경우가 종종 있다.

홈쇼핑 방송은 생방송이지만 방송 중간중간 미리 준비한 영상을 틀 며 생방송 중 시청자들에게 보여주기 힘든 부분을 대신 보여주거나 호 스트와 스튜디오의 재정비 시간을 벌어주기도 한다. 상품의 특징을 잘 표현하는 영상부터 시청자의 시선을 잡을 수 있는 흥미로운 영상까지 다양한데 이런 영상을 홈쇼핑 내부에서 제작하기도 하지만 프로덕션과 협업하는 경우도 있다.

방송 영상 준비과정에서 프로덕션과 회의도 하고 촬영 현장에도 가 다 보면 마음속에 숨어 있던 PD의 연출에 대한 욕심이 마구 생기게 된 다. 그렇게 프로덕션과 인연이 닿고 이런저런 일을 하다 보면 홈쇼핑 영상 전문 프로덕션으로 이직하는 경우가 생긴다. 이렇게 이직한 PD 는 홈쇼핑에 대한 이해도가 높아서 영상도 홈쇼핑 맞춤형으로 훌륭하게 제작하는 편이어서 홈쇼핑 내부 만족도도 아주 높다. 그래서 프로덕션에서도 홈쇼핑 PD의 이직을 매우 환영한다. 극단적 사례로 연출에 대한 욕심을 주체하지 못하고 영화 제작사나 방송국 아카데미로 이직하는 경우도 있다.

홈쇼핑 PD로 계속 일하다 보면 자연스럽게 홈쇼핑에 대한 이해도가 높아지고 상품 보는 눈도 생기며 분석력도 좋아지기 마련이다. 그러다 보면 홈쇼핑 고객들에게 잘 팔릴 것 같은 상품도 보이고 잘 어필할 것 같은 영상도 예측이 가능해진다. 이런 PD 중 용기 있고 추진력 있는 PD가 회사를 박차고 나가 아예 사업을 하는 경우가 있다. 홈쇼핑 업계에 있으면서 생긴 자신만의 노하우와 인맥, 인프라 등을 활용해 회사를 차린 후 아이템을 발굴해서 홈쇼핑에 협력사로 들어오거나 프로덕션을 만들어 홈쇼핑에 양질의 영상을 공급하는 것이다.

어느 사업이 그렇듯 성공을 보장할 수는 없지만 자신이 가장 잘 아는 영역에 뛰어들었다는 것은 큰 메리트다. 늘 성공한 사례가 소식이 잘 들리기 마련이지만 퇴사 후 자신만의 사업으로 막대한 부를 쌓은 PD를 보고 있자면 괜한 도전 정신이 생기기도 한다. 이런 이직 사례 덕분에 방송 준비 회의에 들어가서 예전 동료 PD를 협력사로 다시 만나는 다소 민망한 상황도 생긴다. 그러면 안 되지만 사람이 하는 일이라 예전에 관계가 좋았던 동료의 상품 방송은 아무래도 조금 더 신경 쓰게 되는 것도 사실이다.

나는 딱 한 번 이직을 매우 진지하게 고려해본 적이 있다. 이직을 결심한다는 것이 쉽지 않고 나 역시 대단한 용기를 가진 스타일은 아니지만 그때만큼은 새로운 도전에 대한 욕구도 있고 심적으로 유난히 흔들리던 때라 그런 생각이 들었다.

어느 날 모르는 번호로 전화가 왔다. 모 홈쇼핑의 인사팀이었다. 지금껏 이런 전화를 몇 번 받아본 적은 있어도 매번 관심은 감사하지만 아직 때가 아니라고 정중히 거절하든가 아예 전화를 받지 않았는데 이날은 유독 냉큼 전화를 받아서 나 역시 한번 뵙고 싶다고 말해버렸다.

매일 저녁 퇴근 후 아내와 이직에 대해 이야기하던 시기였다. 그런데 때마침 경쟁사에서 이직 제의가 온 것이다. 마치 짠 것처럼. 경쟁사 중에서 괜찮게 생각하던 회사였고 새로운 도전과 더불어 업계에서는 나를 어떻게 평가하는지 궁금하기도 하여 난생처음으로 이직 준비를 시작했다. 특이하게도 임원급 한 분이 모든 것을 진행하기 전에 나를 한번 보고 싶다고 했다. 회사 인근이지만 회사 사람들이 잘 오지 않는 조용한 카페에서 이직 준비가 그 누구도 모르게 시작되었다.

어느 회사에 다니든 이직 준비는 조용히, 그러다 최종 확정 후 회사에 통보하는 것이 공식이자 필수다. 괜히 입이 간질간질해서 여기저기 자신의 이직 준비 사실을 흘리다가 운 나쁘게 회사에서 알게 되어 곤란해질 수 있기 때문이다. 실제로 신중하지 못한 한 동료는 타 회사에 입사 지원 후 회사에서 여기저기 이야기하고 다니는 바람에 입장이 굉장히 곤란해진 적이 있다. 게다가 이직하려던 회사에서도 결국 탈락하여 회사와 불편한 관계를 유지하다가 결국 제 발로 퇴사했다.

그렇게 은밀히 만나자마자 그분은 나에게 대뜸 이직하려는 이유를 물어보셨다. 생각을 해보지 않은 것은 아니지만 갑작스러운 질문에 크게 당황하여 절제된 모습을 보여주자는 나의 결심이 무색하게 할 말 안 할 말을 숨 쉴 틈도 없이 다 해버렸다. 나의 정제되지 않은 대답에도 그분은 찬찬히 나를 보며 나름의 평가를 시작했고 짧지 않은 시간 대화를 나누고 우리는 헤어졌다. 헤어질 때 그분 역시 이 모든 과정을 비밀로 해달라는 부탁을 한 번 더 했다.

나는 모든 것을 철저히 비밀로 했다. 두 번의 이력서 검증을 받는 동안 필요한 서류 등을 조용히 발급받아 제출했고 두 번의 면접 역시 은밀하게 진행했다. 경력자라고 면접이 부담되지 않을 리가 없었다. 나 역시 우리 회사에 들어오려는 경력자들의 면접에 면접관으로 참석한 적이 있는데, 우리가 필요해서 면접 자리로 지원자를 모셨음에도 말로 표현할 수 없는 묘한 경계심과 날카로운 검증의 칼날이 지원자에게 향해 있는 모습에 당황한 적이 있기에 마치 신입사원 최종 면접 때처럼 긴장했다. 역시나 나를 검증하려는 날카로운 질문 세례를 받았지만 차분히 지금까지 걸어온 나의 길과 성취물들을 이야기했고 운 좋게도 나는 최종 합격을 했다. 한 직급 승진과 그에 따른 적절한 금전적 보상까지 제안받았다.

이제 내가 결정할 차례. 현재 다니던 회사에서 1년 뒤 승진이 예정된 나는 꼼꼼히 이직의 득실을 따지기 시작했고 밤마다 부모님, 아내와 늦도록 대화했다. 하지만 아내는 회사의 좋은 점을 느껴서인지 내가 좀 더 신중하게 생각하기를 원했다.

참 이직이라는 것이 막상 먼 일처럼 느껴질 때는 쉬워 보였는데 실제로 이직을 진행하다 보니, 심지어 최종 합격을 하고도 고려해봐야 할 것들이 너무 많음을 그때 깨달았다. 현재 회사에서 내가 받고 있는 보상과 위치를 이직할 회사와 비교해보는 것부터 이직 시 얻을 금전적 보상 수준이 다른 이들의 이직 케이스와 비교해봤을 때 어느 정도인지, 직장을 옮기면 지금 집은 어떻게 할지, 지금 회사와 어떻게 아름답게 이별할지 등 그냥 여기 있던 체스 말을 다른 곳에 두는 것처럼 간단할 줄 알았던 이직은 수많은 이해관계를 고려하게 만들었다.

최종적으로 내가 이직해서 얻는 이득보다 새로운 도전에 대한 리스크가 더 크다고 판단하여 이직은 없던 이야기가 되어버렸다. 오래 고심했다고는 하지만 결국 용기가 없었기에 나의 도전은 거기서 끝이 났고, 나의 위치에 변화는 없었지만 이직에 대한 전반적인 진행 과정을 알 수 있었고 생각보다 쉽지 않은 결정임을 깨닫게 되는 기회였다.

나름 짧지 않은 시간 동안 홈쇼핑 회사에 있으면서 많은 동료들이 다양한 경로로 이직하는 모습을 지켜보았다. 그중에는 안정적으로 정착해서 좋은 퍼포먼스를 보이는 동료도 있고 그곳에서도 정착하지 못해 또 여기저기 이직하는 동료도 있다. 결과야 어떻든 그들이 이직을 결심하는 데 얼마나 많은 고민과 용기가 필요했을지 조금은 이해가 간다. 동료들의 퇴직 전 송별회 자리를 돌이켜보면 주변 사람들은 모두 좋겠다며 부러워하는데 정작 당사자가 정말 기뻐하거나 기대된다는 말을 들어본 기억은 없다. 남은 자들에 대한 예의일 수도 있지만 익숙한 곳을 떠나 새로운 곳에 적응해야 하는 그 부담감이 오죽했을까. 오늘은 왠지 떠나간 동료들과 술잔을 기울이며 어떻게 지내는지 이야기를 들어보고 싶은 날이다.

오늘도 내일도 변함없이

# 홈쇼핑은 돌아간다

# 치열한 무한경쟁의 시대,
# 승부의 시간

"홈쇼핑 산업이 위기에 직면했다."

다소 자극적으로 들리는 이야기일 수 있지만 현업에서 일하고 있는 입장에서 홈쇼핑이 예전만 못하다는 이야기는 몇 년 전부터 꾸준히 듣고 또 체감하고 있다. 홈쇼핑의 전성기는 1990년대 후반부터 2000년 중후반까지라고 볼 수 있다. 4~5개의 소위 말하는 메이저 홈쇼핑사는 매년 폭발적인 성장세를 보였으며 이런 성장은 마치 영원할 것처럼 보였다. 물론 모든 방송이 그렇지는 않았지만 과장을 조금 보태면 정말 그때는 방송만 하면 매출 목표 달성은 기본이고 추가로 얼마나 더 매출을 하느냐가 더 큰 관심사였던 시기다.

하지만 TV 홈쇼핑사가 계속 늘어나고 데이터 홈쇼핑까지 생겨나면서 현재는 홈쇼핑의 형태를 가진 채널이 20개 가까이 송출되고 있어 고객들의 채널 선택권은 폭넓어졌다. 게다가 소셜커머스 시장이 나날이 성장하면서 홈쇼핑은 매년 성장하기는 하지만 어느 순간부터 고전을 면치 못하고 있다. 몇 년 전부터 홈쇼핑사들은 매년 미래의 먹거리를 위한 변화를 외치며 새로운 도전들을 시도했고 때때로 작은 성공은 했지만 커머스 시장의 판도를 뒤흔들 만한 성공은 아직도 없다. 일개 직원인 나도 홈쇼핑의 미래가 걱정되는데 회사 오너나 임원들은 더 부담이 클 것이고, 올해 역시 홈쇼핑의 변화를 외치며 미래에도 생존할 수 있는 방법을 모색하고 있다. 홈쇼핑은 어떤 변화를 꾀하고 있으며 미래에는 고객들에게 어떻게 다가가려고 준비하고 있을까?

시청자 입장에서 홈쇼핑은 예전이나 지금이나 다른 게 없다고 느낄 수 있으나 홈쇼핑 회사들은 몇 단계에 걸친 변화를 시도했고 예전 방송과 현재의 방송은 많은 차이가 있다. 먼저 홈쇼핑 회사들은 예전처럼 시청자들을 자극하여 구매를 유도하는 행위를 지양하고 상품 본연의 가치에 좀 더 집중하는 방송을 만들려고 노력한다.

내가 막 방송을 시작하던 때만 해도 매 방송 매진 이야기는 꼭 나왔다. 판매 물량 자체를 타이트하게 준비해서 방송이 끝나갈 때쯤에는 매진될 수 있게 만들어 고객들에게 매진이 임박했다는 안내를 굉장히 자주 했다. 그래서 그때는 방송 종료 몇 분 전부터 매진 안내를 하느냐가 회의의 중요한 주제였다. 방송을 하며 거짓말을 하는 건 아니지만 매진이 나올 수밖에 없는 구조를 미리 만들고 방송한 것이다. 뿐만 아니라 호스트들도 상품에 대해 자세히 설명하기보다는 남은 수량 이야기나 현재 고객 몇 분이 구매 중이라 빨리 사야 한다는 이야기 등을 더 많이 했고 심지어 그런 방송이 좋은 방송처럼 여겨졌다.

지금은 홈쇼핑 스스로 자정 활동을 하고 있는데 임의로 수량 조정을 금지하여 매진을 인위적으로 만들거나 시청자들의 충동적인 구매를 자극하는 방송 연출을 자제시키고 있다. 매진 안내 등도 실제 전체 물량이 다 판매될 것으로 확실시되는 상황에서만 가능하고 이마저도 안내 횟수를 제한하여 판매 수단으로 활용할 수 없게 만들었다. 내부적으로도 물량이 조금만 없어도 곧 매진이라느니 지금 꼭 사야 한다느니 시청자들을 부추겨서 사게 만드는 방송은 이제 좋은 평가를 받지 못하고 있다.

게다가 방송통신위원회 등에서도 홈쇼핑의 갑질이나 고객 기만 등의 사항을 아주 유심히 보고 있기 때문에 과장 금지, 시청자 현혹 및 기만 자제 등의 가치가 홈쇼핑 회사들에게 아주 중요해졌다. 따라서 회사 내부의 심의 기준도 강화되어 조금만 시청자들을 푸시하거나 부적절한 표현이 방송에 나간다면 생방송 모니터 요원들이 실시간으로 PD와 호스트에게 주의를 준다. 가끔은 이 심의 기준이 너무 강화되어 실제 제품의 특성 혹은 공인기관으로부터 인증받은 사실조차 시청자들이 오해할 수 있다는 이유로 방송에 노출되지 못하는 웃지 못할 상황까지 벌어질 정도다.

입사 후 심의팀과 가장 마찰이 많았을 때가 보험 방송을 할 때였다. 보험 상품은 그 심의 기준이 매우 엄격하여 사실상 보험에 대한 안내 외에는 할 수 있는 게 거의 없다고 봐도 무방한 수준이다. PD로서 적어도 고객들에게 이 보험 상품이 왜 필요한지 알려주고 싶어서 해당 보험 상품이 보장하는 질병에 대한 내용을 방송에 포함하고 싶었는데 고객들에게 불필요한 공포감을 줄 수 있다는 심의팀의 입장을 이해할 수가 없었다. 실제 질병에 관련된 논문과 발표자료, 신문기사까지 모두 제출해봤지만 그중에서 방송에 쓸 수 있는 자료와 표현은 극히 일부분이었다. 팩트에 근거한 안내인데 왜 안 되냐는 나와 규정상 절대 안 된다는 심의팀이 팽팽하게 맞섰고 결국은 심의팀 의견에 따라 모든 것을 수정하여 방송을 진행했다. 혹자들은 홈쇼핑만의 정신없고 긴박한 맛이 없어졌다고 아쉬워하지만, 나는 시청자들이 현혹되지 않고 정말 필요한 물건만 좋은 조건으로 구매할 수 있는 환경으로 변화하고 있는 현재의 방향이 맞다고 생각한다.

또 다른 변화는 방송 시간이다. 예전 홈쇼핑은 60분 방송이 규정처럼 정해져 있었다. 경우에 따라 5분에서 10분 정도 방송을 늘리거나 줄일 수 있었지만 홈쇼핑 방송 시간은 60분이 공식과도 같았다. 그래서 각 홈쇼핑 회사의 방송들이 비슷한 시간에 시작하고 끝나는 경우가 많았다. 약 10분 동안 설명하고 5분 정도 시청자들에게 주문을 유도하는 PT를 4번 반복하는 것이 대부분 아이템의 방송 연출이었다. 하지만 최근 시청자들의 시청 방식이 바뀌면서 홈쇼핑의 60분 방송 포맷은 급격한 변화를 겪게 되었다.

먼저 공중파 시청자 감소가 있다. 공중파 시청률이 압도적이던 예전에는 공중파의 방송 종료 시점이 홈쇼핑에서는 소위 말하는 승부의 시간이었다. 공중파 프로그램 시청을 끝낸 시청자들이 채널을 돌릴 때 공중파 사이에 있는 홈쇼핑 채널을 우연히 보게 되어 마음에 드는 상품이 있으면 구매하는 형태가 되면서 이 공중파의 광고 시간은 홈쇼핑 주문이 가장 집중되는 시간대가 되었다. 대부분의 홈쇼핑이 이 시간대를 노려서 상품 설명을 다시 시작하거나 그 방송 아이템의 가장 눈길을 끄는 시연, 그날의 조건 등을 강조하면서 그 방송 포맷 또한 유사했다.

홈쇼핑 방송은 60분 방송을 통해 각 방송마다 이 공중파의 광고 시간을 적절히 배분했다. 하지만 최근 공중파의 위력이 예전만 못하고 케이블, 종편 등의 영향력이 커져 시청자들이 분산되고 TV로 프로그램을 시청하기보다는 스마트폰으로 하이라이트, 짤 등을 짧게 시청하는 형태가 많아졌다. 홈쇼핑 역시 공중파에 맞춘 60분 방송을 고집하기보다는 상황에 따라서 2시간이 넘는 종합 방송을 운영하기도 하고 짧아진 시청 행태에 맞춘 30~40분 방송을 자주 운영하기도 한다. 한 홈쇼핑사는 10분짜리 방송을 운영하여 이슈가 되기도 했다. 아직도 홈쇼핑에서는 60분 방송을 많이 하고 공중파의 광고 시간을 중요하게 생각하기는 하지만 앞으로 이런 현상은 점점 더 줄어들 것으로 예상된다.

# 홈쇼핑 회사의 미래 먹거리
# '라이브 커머스'

모두가 동의하는 홈쇼핑 업계의 가장 큰 변화는 모바일로의 진출이다. 과거에는 생방송 시간 동안 발생하는 매출이 홈쇼핑 매출의 절대적인 부분을 차지했고 채널 또한 많지 않았기 때문에 주로 TV 방송에 투자하고 집중했다. 하지만 점차 채널 증가로 경쟁이 심해지고 모바일을 활용하여 구매하는 고객이 많아짐에 따라 홈쇼핑 회사들은 자연스럽게 모바일을 활용한 커머스 비중을 키우게 되었다. 다른 이유를 떠나서 하루 24시간이라는 제한된 자원을 활용하여 선별된 몇 가지 아이템을 판매하는 홈쇼핑 TV 방송이 시간과 공간에 제한받지 않고 상품을 판매하며 고객들을 만날 수 있는 모바일 환경에 매력을 느끼는 것은 매우 당연한 일이다.

모든 홈쇼핑 회사가 앞다투어 전용 쇼핑 앱을 만들고 TV 방송을 동원해서라도 고객들에게 모바일 활용을 홍보했으며 모바일 전용 혜택을 제공하는 등 모바일 시장을 선점하기 위한 노력을 기울였다. 그 결과 이제는 모바일 매출이 TV 매출과 비슷한 상황까지 왔으며 앞으로는 점차 모바일 매출이 TV 매출을 앞설 것으로 예상된다. 물론 현재 모바일 매출의 대부분이 고객이 TV 방송을 보다가 주문이 편리하고 혜택도 있는 모바일로 하면서 발생하는 형태라 이제 홈쇼핑의 주도권이 모바일로 넘어왔다든가 TV 홈쇼핑은 한물갔다든가 하는 말은 매우 시기상조다.

하지만 홈쇼핑 회사들은 하나같이 모바일 주도권을 잡기 위해 모바일 전용 MD팀을 만들어 모바일에 적합한 아이템을 소싱하게 하고 모바일 콘텐츠에 친숙하고 감각적인 PD를 영입하여 모바일 전용 홈쇼핑 방송을 하고 있다. 최근에는 모바일 전용 생방송이 TV 생방송보다 더 스케일이 크고 출연진이 화려한 경우도 가끔 나온다. 그만큼 모바일은 홈쇼핑 회사들의 현재이자 미래의 중요한 먹거리다.

이렇게 홈쇼핑은 초창기 모습에서 탈피해 발 빠르게 변화해왔고 아직까지 유통시장에서 큰손으로 자리 잡고 있다. 하지만 매년 줄어드는 성장세, 많은 경쟁사들의 등장으로 위기감을 느끼는 홈쇼핑 회사들은 최근 또 다른 비즈니스 모델을 계획하고 준비하고 있다. 현재 모든 홈쇼핑 회사들이 관심을 갖고 있는 미래 먹거리는 다음 단어로 정의된다.

'라이브 커머스.'

최근 유튜브, 페이스북, 인스타그램, 넷플릭스 등 비디오 관련 플랫폼이 너무나 큰 인기를 끌고 있고 이를 통해서 이루어지는 커머스 규모가 매년 눈이 부시도록 성장하고 있으며 미래에는 더욱 규모가 커질 것으로 예상된다. 그러다 보니 TV와 모바일 커머스를 안정적으로 운영하는 홈쇼핑 역시 라이브 커머스에 관심을 가질 수밖에 없다. 그래서 이제는 어느 홈쇼핑 회사나 라이브 커머스에 대해 이야기하고 팀을 만들거나 TF를 구성해서 어떻게 하면 라이브 커머스와 홈쇼핑을 접목하여 매출을 올릴 수 있을지 고민한다. 물론 홈쇼핑 관계자 누구나 라이브 커머스 시장이 홈쇼핑의 새로운 활로가 될 것이라 기대하지만 현재 라이브 커머스 관련된 홈쇼핑 회사들의 실적은 초라하기 그지없다.

라이브를 통해 커머스가 이루어지려면 먼저 시청자들의 흥미를 끌만한 영상을 제작해야 하며 그 시청자들이 선뜻 구매를 결정할 만한 매력적인 아이템들을 선보여야 한다. 이 두 가지 영역에서 아직까지 홈쇼핑 회사들은 굉장히 서툰 모습을 보인다. 일단 40~50대 여성들에게 어필하는 콘텐츠에 대한 노하우는 많지만, 젊은 층이 좋아할 만한 SNS 감성의 콘텐츠를 만들어본 적이 없어서 SNS 주 사용자이자 구매층인 젊은 시청자들의 시선을 끌면서도 상품 구매까지 이어지게 하는 콘텐츠 제작 노하우가 없다. 그리고 막상 괜찮은 아이템과 콘텐츠를 확보했다 하더라도 이 콘텐츠와 아이템을 노출할 시청 타깃에 대한 정의도 내리지 못하는 상황이다.

여성 고객들을 상대로 하는 상품 판매에서 난다 긴다 하는 홈쇼핑 PD도 이 라이브 커머스 관련해서는 전혀 맥을 못 춘다. 설상가상으로 홈쇼핑의 주 타깃인 40~50대 여성 시청자들이 아직까지 유튜브, 페이스북, 인스타그램 등에서 구매하는 방식을 낯설어하고 그 SNS 플랫폼을 주로 활용하는 젊은 세대에게 홈쇼핑은 익숙한 쇼핑몰이 아니다. 게다가 시청자들의 상당수가 단지 재미있는 콘텐츠를 즐기려고 활용하는 플랫폼에서 거부감 없이 구매를 유도하는 것도 쉽지가 않다.

그래서 현재 각 홈쇼핑 회사들은 규모와 상관없이 이미 라이브 커머스를 비즈니스 모델로 성공적으로 정착시킨 회사들을 찾아가서 조언을 구하거나 그들의 시스템을 보고 홈쇼핑에 접목할 수 있는지 가늠해 보기도 한다. 나 역시 이런 라이브 커머스를 기반으로 한 회사들의 대표를 만나거나 실무진과 이야기를 나눌 기회가 많았지만 그들의 경험과 조언을 통해 가능성을 확인하기보다는 덩치가 크고 조직이 바뀌는 데 시간이 걸리는 홈쇼핑의 특성상 그들의 방식을 따라하기가 쉽지 않겠다는 생각을 훨씬 더 많이 했다.

최근에 유명 SNS 회사와 직접 손잡고 많은 돈을 투자해 라이브 커머스의 성공 사례를 만들어 보고자 했다. 야심 차게 시작했지만 아이템을 찾는 것부터 쉽지가 않았다. 라이브 커머스 소비층에게 어필할 만한 아이템을 선별하는 노하우가 부족했고, 아이템을 생산하는 협력사들 역시 기존 소규모의 라이브 커머스 회사보다 입점 기준이 까다로운 홈쇼핑 회사와 협업하는 것을 꺼렸다.

우리가 일을 준비할 수 있는 시간은 정해져 있었고 결국 기존 홈쇼핑 상품 중 그나마 젊은 층에 관심을 끌 만한 아이템을 골라 진행할 수밖에 없었다. 상품이 특색 없으니 이제 콘텐츠에 모든 것을 걸 수밖에 없었다. 유명 SNS 회사의 고위급 직원까지 동원되어 직접 SNS에서 효과적인 콘텐츠 제작 노하우를 전수받는 것은 물론 실제 콘텐츠 스토리

보드와 촬영 현장까지 함께 했다. 호스트의 1인 촬영물, 짧은 사용 후기 등의 콘텐츠를 간단히 만들어 고객들의 반응을 보는 정도의 테스트만 해오던 지금까지와 달리 콘텐츠의 질과 양의 측면에서 비교가 안 되는 결과물들이 나왔다. 그동안 수없이 실패한 사례들을 뒤로하고 이번에는 다르지 않을까 달콤한 꿈을 꾸기도 했다.

하지만 막상 우리의 콘텐츠가 SNS에 배포되자 이미 아이템의 올드함과 익숙하지 않은 홈쇼핑에 대한 유저들의 피드백이 쏟아지면서 많은 자원의 투입이 무색하게 결국 큰 실패로 끝났다. 이렇게 크고 작은 실패를 하면서 홈쇼핑은 라이브 커머스를 향해 조금씩 조금씩 다가가고 있다. 홈쇼핑 관계자 모두가 미래의 먹거리를 라이브 커머스로 보고 있으며 TV 생방송이라는 제한적인 틀을 벗어나 언제 어디서나 라이브라는 콘텐츠로 매출을 올릴 수 있는 방법을 연구하고 있다.

언젠가는 또 누군가는 홈쇼핑 라이브 커머스 성공 케이스를 만들어 본격적으로 시작할 것이다. 모두가 그게 우리면 좋겠다는 공통의 생각 속에 각 회사만의 방법으로 프로젝트를 진행하고 있다. 단언컨대 머지 않은 시간에 홈쇼핑 고객들은 유튜브, 페이스북, 인스타그램 등에서 활발히 활동하는 홈쇼핑의 모습을 보게 될 것이다. 그리고 고객들이 마주할 홈쇼핑 콘텐츠 역시 지금까지의 방송과는 너무나 다를 수 있다.

어느 회사나 초창기, 중흥기, 호황기를 거쳐 안정기로 들어선다. 그 다음 행보에 따라 회사는 더 성장할 수도 있고 빠르게 쇠퇴할 수도 있다. 지금까지 홈쇼핑 회사들은 자신들의 성공에 안주하지 않고 커머스 시장의 변화에 따라 쉴 새 없이 그 모습을 변화시켜왔다. 지금 다소의

부침은 역사상 가장 빠르고 어려운 변화의 시기에 직면해 있기 때문이라고 생각하고, 언제나 그랬듯 홈쇼핑은 지속적인 성장의 실마리를 발견하게 될 것이다. 현업에 종사하고 있는 입장에서도 홈쇼핑의 미래 모습이 궁금하고 홈쇼핑을 꾸준히 이용하는 고객들을 위해서라도 성공적인 미래의 비즈니스 모델을 찾기를 바란다. 다소 올드한 채널로 인식되는 홈쇼핑 역시 이번 기회를 계기로 좀 더 폭넓은 구매자들을 만날 수 있는 채널로 탈바꿈하기를 바란다.

홈쇼핑이라는 다소 생소하고 베일에 싸인 회사에 입사하여 방송의 재미에 즐거울 때도 있었고 홈쇼핑에 대한 사람들의 오해에 속상할 때도 있었다. 많은 사람들을 만나며 귀한 인연을 만들기도 했고 그 사람들 때문에 스트레스를 받으며 퇴사를 생각해보기도 했다. 이런저런 일을 겪었지만 내게는 여전히 생활을 영위하게 해주는 고마운 직장이며 다소 거리가 있었던 가족의 소중함을 깨닫게 해주고 평생의 인연까지 만나게 해준 곳이다.

앞으로 얼마나 더 홈쇼핑 PD로서 일할지는 모르겠다. 다만 10년 가까이 다닌 홈쇼핑에 대해 아직도 내가 모르는 것이 많고 앞으로 변화할 것들이 무궁무진하다는 것을 이번 책을 쓰면서 스스로 깨닫게 되었다. 또다시 10년이 지난 후에 나는, 그리고 또 홈쇼핑은 얼마나 변해 있을까. 그때까지도 여전히 많은 시청자들에게서 사랑받으며 협력사들의 좋은 거래처가 될 수 있을까. 장밋빛 미래를 꿈꾸기 위해 오늘 생방송도 힘을 내서 시작한다.

자, 이제 슛 들어갑니다. 큐!